Les Parents Terribles

METHUEN'S TWENTIETH CENTURY
FRENCH TEXTS

General Editor: W. J. Strachan, M.A. (Cantab.)

METHUEN'S TWENTIETH CENTURY TEXTS

JEAN COCTEAU

Les Parents Terribles

Edited by
R. K. TOTTON M.A.
Sometime Lecteur, Ecole Normale Supérieure
Modern Language Department, Charterhouse

Methuen Educational Ltd

LONDON · TORONTO · SYDNEY · WELLINGTON

First published in this edition 1972
by Methuen Educational Ltd
11 New Fetter Lane, London EC4
Text © 1938 by Editions Gallimard
Introduction, notes and vocabulary
© 1972 by R. K. Totton

Printed in Great Britain by
Richard Clay (The Chaucer Press), Ltd.,
Bungay, Suffolk

SBN 423 81620 9

Contents

Acknowledgements

This edition is published by arrangement with the original publishers, Editions Gallimard, to whom our thanks are due.

Permission to reproduce the photograph on the cover is gratefully acknowledged to the French Embassy.

Introduction

Invisible à force de fables et monstrueusement visible de ce fait.

Les gens qui sont loin de nous, nous imaginent à travers notre oeuvre tandis que les gens qui sont près de nous regardent notre oeuvre à travers nous.

From the age of about seventeen until his death at seventy-four, Jean Cocteau was almost continuously in the public eye. He seemed incapable of *not* making news. Poet, playwright, novelist, critic, ballet scenario-writer, actor, film-maker, sculptor, decorator, illustrator, artist, there is hardly a field of the arts which he did not tackle with panache and with a genius – in later life a reluctant genius – for publicity. Because of the dazzling variety of his talents and because of his gift for being in the artistic vogue – more often of creating the vogue – he has been regarded with suspicion by many writers (Gide, Mauriac) and critics. A sort of play-boy of the artistic world, a jack-of-all-trades. He complained, with justice, that the legend created in his own life-time prevented his fellow countrymen from getting to know his work. 'Si je regarde autour de moi (en ce qui me concerne) je ne découvre que légendes où la cuiller peut tenir debout ... C'est ce qui déroute ceux qui pourraient me débarrasser de cette lèpre mythologique. Ils ne savent par quel bout me prendre.'

Indeed it is likely that if he had published only his poetry (for example) he would be given a far greater place in most Histories of Literature, whose compilers like to pigeon-hole authors into neat categories. In which chapter are you to include him when he fits into almost every one? And, of course, academic critics are always deeply suspicious of fashion. But there must be more than mere fashion to the man who was first, outside their own professional circle, to appreciate Picasso, Radiguet, Honegger, Milhaud, Poulenc; the man who by bringing Greek myth back to the French stage, set a fashion followed by Gide, Giraudoux, Anouilh and Sartre, and exploited by Stravinsky and Honegger; nor the creator of such influential films as *Orphée*, *Le Sang d'un Poète*, *La Belle et la Bête*.

Apart from his vogue and the imputed dispersion of his talents, there are further reasons for mistrust on the part of the critics – 'nos juges' as he called them. Cocteau always surprised and disconcerted, not only by the diversity of his activities, but by the unexpectedness of each new work within any one field. He never exploited a vein. 'Je n'ignore pas que le public aime mieux reconnaître que connaître et que la méthode qui consiste à ne pas être reconnu à la forme du visage mais au regard, nous vaut d'être cru velléitaire. Peu importe.' In the theatre, for instance, the avantgarde *Orphée* with its weird stage-effects was followed by *La Voix Humaine*, a dramatic monologue written for the Comédie Française – the Establishment itself. Then came *La Machine Infernale*, a sort of cross between Sophocles, Hamlet and Freud with its magical use of language in the Sphinx scene. Then medieval legend with *Les Chevaliers de la Table Ronde* followed by an intense mixture of melodrama and tragedy in *Les Parents Terribles*. The whole style, both of writing and production, differs from play to play. A reading of consecutive volumes of poetry will show the same phenomenon. Was Cocteau motivated by a specious desire to surprise?

His conversational magic, too, gave his critics the impression that he wrote with too much facility. He denied this: 'Ils me décrètent magicien. Un coup de baguette et l'œuvre tombe . . . toute cuite dans ma bouche. Je veux bien leur confier mon secret: je travaille. Je suis un ouvrier, un artisan, qui s'acharne et ne se contente de peu.' A reading of his works will give better grounds for judgement. True, the words have poured from his pen – his works occupy some dozen volumes in the complete Marguerat edition. But a reading of such poems as *L'Ange Heurtebise* or *La Crucifixion*, or a study of the construction of *Les Parents Terribles* should convince the impartial that his writing is not merely an extension of his conversational brilliance.

LIFE AND WORK

Il est juste qu'on m'envisage
Après m'avoir dévisagé.

Il faut toujours changer de style, il faut rester le même homme, garder sa ligne morale, mais changer l'aspect des œuvres.

If we try to avoid the 'lèpre mythologique' a biographical sketch of Cocteau reduces to the story of the works he wrote and the people who influenced him.

Born in 1889 at Maisons-Laffitte (Seine-et-Oise), he came of the *haute bourgeoisie*, a family of slightly eccentric dilettanti who took the arts as a normal part of life. His grandfather collected Stradivarius violins, and Ingres and Delacroix paintings. His father painted; his mother was an amateur musician with a passion for the theatre which she communicated to him: '. . . ce mal du théâtre que j'ai dû prendre au châtelet à l'âge des rougeoles et des scarlatines.'

In 1908, when he was eighteen years old, his poems were given a public reading at the Théâtre Fémina, under the aegis of the actor de Max. Spoiled and fêted, known to Parisian artistic society, Cocteau had arrived. But it was to prove a false start. The jolt that set him on the right road came from Diaghilev and Stravinsky, the former with his much-quoted advice to Cocteau: 'Etonne-moi'; the latter by the impact of his *Sacre du Printemps* ('il m'enseigna cette insulte aux habitudes sans quoi l'art stagne et reste un jeu'). He decided to take stock, to discover where his own originality lay, to search deep within himself: 's'enfoncer avec soi-même vers le diamant, vers le grisou.' The novel that resulted, *Le Potomak* which he started in 1913, attempts to plumb the deep, dark corners of personality, 'la part d'ombre'. Theatrical, mythogenic, highly intelligent yet putting intelligence at the service of instinct, it contains the germ of much of Cocteau's later work, both in content and method.

The First World War started. Cocteau was exempted from military service for reasons of health: his whole life in fact was a painful struggle against ill health. But he could not be out of things, even war. He went to the Front with an ambulance group and stayed on, adopted by a battalion of Marines, until he was found out.

During the war he met and befriended the men who were to influence him most: Radiguet; Erik Satie and the other composers of the 'groupe des six' (Honegger, Milhaud, Auric, Poulenc, Taillefer); Picasso and the painters of Montparnasse (Braque, Modigliani, Juan Gris, etc.). From Satie he learnt to dislike the flowing, the ornate, the image for its own sake. Picasso revealed to him, among many other things, 'l'indépendance que l'audacité permet'. Cocteau persuaded Picasso to work with him and Satie on the ballet *Parade* which in 1917 caused the first of a series of theatrical scandals in his career. Radiguet taught him the possibilities of what he called a 'classicisme de choc' – that, in an age of -isms and avant-garde experiment, to write simply, 'comme tout le monde', to model your style on the classics, could be the most avant-garde thing to do. While Radiguet was writing *Le Diable au Corps*, Cocteau under his influence transmuted his war-time experience into *Thomas l'Imposteur*, possibly his best novel. A tale of mythomania, funny and poignant, it touches the reality of war only obliquely as in the *Chartreuse de Parme* on which he modelled it. The apparently simple narrative hides a weird, almost surrealist vision. Superficially at this period he had much in common with the Surrealists, notably his desire to jolt, and his interest in the unconscious and dreams. But the automatic writing of the Surrealist was never his way, and however dream-like his film *Le Sang d'un Poète*, he never tried to use dream material.

The death of Radiguet in 1923 was a personal blow to Cocteau which, added to the pain of a skin ailment, induced him to take to opium. His determination to break the addiction – it took seven attempts – was strengthened by the importance he attached all his life to personal freedom, from habit or any other bond. It is typical of his extraordinary energy that the same period was one of the most productive in his life. During a fruitful stay in Villefranche he wrote the poems of *Opéra* and the play *Orphée*, both of which are central to his work. At about the same time his innate affinity for myth crystallized in the return to Greek mythology which was to play such a large part in French drama up to the 1950's. There, too, he met Christian Bérard whose genius for décor was to enhance many of Cocteau's plays and films, and influence the man himself. The theatre is an ephemeral art but there is available a fine instance of Bérard's work in the film *La Belle et la Bête*, where the Dutch scene of Beauty's home contributes quite as much to the fabulous atmosphere as the more exotic marvels of the Beast's palace. Both men shared a preoccupation with mystery and death but it was Bérard who revealed that Vermeer is as mysterious as Perrault. Just so, *Les Parents Terribles*, for all its apparent realism, is not so far removed from the more obviously visible mystery of *Orphée*.

During an opium cure in 1929 he wrote in three weeks the novel *Les Enfants Terribles*. It is a strange story of brother and sister who live in a sort of child's world shut in a room of their own creation, never coming to grips with the reality of the adult world. Both are dominated by an 'amour impossible', he for the cruel figure of Dargelos, she for her brother, and both kill themselves. The room, 'l'amour impossible', the amoral purity of the child-like pair, death – all these under Cocteau's pen take on the power of myth. Indeed they belong to Cocteau's private mythology which forms a unifying thread running throughout his work, as manifest in his two best plays *La Machine Infernale* and *Les Parents Terribles*, as they are in his two best novels. What better illustration of the unity of Cocteau's work, of what he calls his 'ligne morale', than this patent link between such diverse works as *Thomas l'Imposteur* and *Les Enfants Terribles*, the one with its rudimentary psychology, the other a Freudian treasure trove?

Ever since *Le Potomak* Cocteau had resolutely plumbed the depths. 'Le poète ... marche sur des sables mouvants et quelquefois sa jambe enfonce dans la mort.' In 1935 there followed one of what he called his 'évasions'. The escape took the form of journalism collected in the volume *Portraits Souvenir*. The list of Cocteau's acquaintance reads like a social and artistic *Who's Who* of the twentieth century but, ephemeral though the subject is, these pen pictures are so brilliant that the book may well stand the test of time.

The later 'thirties saw the emergence of the actor Jean Marais as a key figure in Cocteau's plays. *Les Parents Terribles* owes its genesis as much to Marais' difficult relationship with his mother as to Cocteau's desire to write a part for Yvonne de Bray. Cocteau's power to surprise, disconcert and provoke scandal was as great as ever: *Les Parents Terribles* was refused by Jouvet, twice banned, but proved an immense success.[1]

1 The following account is taken from the catalogue to the exhibition JEAN COCTEAU ET SON TEMPS, 1889–1963, held at the Musée Jacquemart-André, Paris 1965.
... 'la première eut lieu le 14 novembre 1938 (at the Théâtre des Ambassadeurs) ... La critique se montra soit dithyrambique, soit, plus souvent, hostile ou du moins réticente. Mais le succès public fut immense, en particulier pour les acteurs ... Cocteau le soupçonna d'être dû à une mauvaise interprétation des "myopes" qui prenaient la pièce pour "une oeuvre dite du Boulevard". Mais le triomphe n'en dura pas moins pendant plusieurs semaines, qui sans doute auraient été suivies de beaucoup d'autres, quand, alerté par des moralistes qui ne supportaient pas de voir applaudir une pièce "incestueuse", le Conseil municipal refusa de renouveler le bail du théâtre. Un vif échange de lettres s'ensuivit entre Cocteau et le président du Conseil municipal, Le Provost de Launay ... La pièce fut reprise aux *Bouffes-Parisiens*, avec le même succès ...
Les Parents Terribles sont repris pour la deuxième fois en 1941, dans Paris occupé, au *Théâtre du Gymnase* ... De violentes bagarres ont alors lieu dans la salle, provoquées, au témoignage de Cocteau, par les miliciens. On lance des bombes lacrymogènes. La salle est prise d'assaut. Les Allemands interdisent la pièce.'

During and since the war works continued to pour from his pen, though only some of the poetry seems to be of his best. But from now on he began to turn more and more to his life-long passion for craftsmanship: 'C'est la rage d'artisan qui me pousse.' He made, or collaborated in, some ten films, including the masterpieces *La Belle et la Bête* and *Orphée* (much better than the play) as well as a brilliant screening of *Les Parents Terribles*. In later years he painted murals in various buildings including a chapel at Villefranche and the French Church in London (Leicester Place, off Leicester Square). And meanwhile there were ceramics, paintings, pottery, tapestries.

In the mid 'fifties honours began to shower on him. He was made a Doctor *honoris causa* by Oxford, elected to the Belgian Academy and the Académie Française, that House of Lords of the French literary world. The public was surprised that Cocteau the rebel, the perpetual *enfant terrible* of the arts, should accept such enshrinement. But looking back over his life it is entirely in keeping, at a time when the Academic establishment is commonly derided, that Cocteau should join it.

He died at Milly-la-Forêt in 1963.

THEMES AND IDEAS

Se servir d'une image pour pétrifier de l'abstrait, le faire passer à l'état concret.

Qu'est-ce que le style? Pour bien des gens, une façon compliquée de dire des choses très simples. D'après nous: une façon très simple de dire des choses compliquées.

A pattern emerges from all this diversity of enterprise, of works and styles. Underlying all Cocteau's work are the chief motivations of his life: the search for mystery in the depths of human personality, together with the extraordinary power of expressing it via concrete images, and of transforming the commonplace; the desire to convey this mystery without explaining it; a dislike of logical exposition (even in his speeches he conveys his meaning by an accumulation of vivid detail and image that hides the chain of thought); a preoccupation with death, and with the destiny of the poet; a propensity for myth, whether the great myths of the world or the creating of his own mythology; the belief that life and art are inseparable, and that both are best achieved by sticking to what he calls his 'ligne morale' – that is, the difficult business of cultivating his individuality, untrammelled by any convention; above all, the determined retention of his freedom, freedom from party, creed, habit or even 'la loi des hommes'. When in the twenties Cocteau proclaimed his doctrine of freedom it sounded akin to that of the Dadaists, but thirty years later it seemed close to Sartre's existentialist concept. Both find *la liberté* spiritually and morally hard: the Existentialist because it involves the never ending need to choose; Cocteau because it would be so much more comfortable to fall back on dogma; both because of the loneliness it involves. Indeed there was a lapse, a short excursion into the Catholic faith at the period of his opium addiction after Radiguet's death. The *Lettre à Jacques Maritain*, which caused such a furore in 1926, is precisely a refusal to accept the comfort of a creed to lean on. By the same token the 'impur' of Cocteau's private language comes close to the 'salaud' of Sartrian existentialism. Both denote one who abdicates his freedom – that is, who ceases to make his own choices (Sartre) or stay true to his original 'innocence' (Cocteau), and falls back on the easy tramlines of a convention.

Liberty and a moral, rather than aesthetic, view of art are the only points they have even vaguely in common. The only commitment Cocteau conceived was to his art, and he hated the idea of a 'message' in art so much that he even disliked symbols: 'Le symbole . . . permet encore *d'expliquer* l'incompréhensible et de revêtir d'un sens caché ce qui *tire sa beauté de n'en pas avoir.*' (My italics.)

Cocteau's diversity results from what he called 'une tradition d'anarchie', from a need to make every work a new start, and from his inability *not* to be a man of his day. Thus on the surface *Les Mariés de la Tour Eiffel* (1924) and *Bacchus* (1951) have less in common with each other than *Les Mariés* does with the work of the Surrealists, or *Bacchus* with Sartre's *Le Diable et le Bon Dieu*.

Yet in Cocteau, more than in most writers since the seventeenth century, the same themes, ideas, images, even words, recur constantly. A preoccupation with the unusual, the strange, the marvellous is patent in all his works. It is present in *Les Parents Terribles* as much as in *Orphée* (written 1924) or *La Machine Infernale* (1934), but disguised, concealed. 'S'il n'use d'aucun artifice pour surprendre,' as he said of Vermeer, 'notre surprise n'en est que plus profonde.' It is like the Dutch and Palace scenes of *La Belle et la Bête*: the commonplace transfigured is more marvellous than obvious marvels – and makes it less liable to date.

L'amour impossible is a theme of every play and almost every novel. The impossibility stems from many causes. Sometimes it is the yearning of the hero-as-loser (also a common theme) for a hard figure such as Dargelos in *Les Enfants Terribles*. 'Car c'est une race sur la terre; une race qui ne se retourne pas, qui ne souffre pas, qui n'aime pas, qui ne tombe pas malade; une race de diamant qui coupe la race des vitres (*Le Grand Ecart*).' Sometimes it is a question of Fate or of a death wish, though Cocteau would not have used the Freudian term: Orphée seeks Eurydice but falls in love with Death; the Queen in *L'Aigle à Deux Têtes* loves her assassin Stanislas. Sometimes the hero, like Jacques in *Le Grand Ecart*, loves *because* it is impossible; or the beloved is supernatural (*Renaud et Armide*); or love does not survive the stripping away of illusions and falsehoods (*Les Chevaliers de la Table Ronde*); or the hard world crushes it (*Bacchus*); or it is too absolute to be accommodated (Yvonne, in *Les Parents Terribles*); or, so commonly that it amounts to a separate theme, it is a parent-child relationship (*Oedipe-Roi, Thomas l'Imposteur, La Machine Infernale, Les Parents Terribles*). But whatever the causes, they are all variations on the same theme.

I can think of only two exceptions in all Cocteau's work: the love of Michel and Madeleine in *Les Parents Terribles*, and *La Belle et la Bête* – which is a fairy story.

Death, in Cocteau's work, is like water flowing just beneath the ice on which we walk. It is omnipresent, so close beneath the surface of life and love that it seems of the same essence. Cocteau often refers to himself as 'un homme qui marche sur la mort'. That suicide is so often attempted or thought of by his characters – especially the young – is an expression of this theme, a projection of his own constant consciousness of death. It is also a part of his private mythology that youth is inclined by fate to die by its own hand: the figure of Antigone haunted Cocteau, Antigone the young, the absolute, the rebel, rejecting the compromises of 'la loi des hommes'. From this point onwards, in parenthesis, the reader may become aware of quite how much Anouilh – that most derivative of playwrights – took from Cocteau.

A sense of *Fate* or Destiny is also a part of the last two themes. Indeed Love, Death and Fate are inextricably intertwined in a thread that runs through his poetry and, together with the theme of inspiration (often expressed in images of Angels), forms the subject matter of most of it.

Many of Cocteau's characters belong to the category either of *Enfants* or of 'grandes personnes'. It is more a question of race than of age: in *La Machine Infernale* Oedipe is an *Enfant*, but so is his mother Jocaste. Only in *Le Grand Ecart* does a character bridge the gap. Bound up with this concept are those of *Innocence* and *Pureté*, which does not mean moral purity in the commonly accepted sense. Indeed you often come across the expression 'pur jusqu'au crime'. For it represents a sort of absoluteness of personality wherein the heart is not controlled by the head and the character is unmoulded by conventional morals or accepted values – not rejecting them: simply innocent of them. Elizabeth, in *Les Enfants Terribles*, sets out to destroy the love between her brother and Agathe, drives him to suicide and shoots herself. Yet she is 'pure'.

So is Yvonne. In a speech on Colette, Cocteau said of her '. . . her greatness is due to an inability to distinguish between good and evil which placed her in a state of innocence . . .' This he contrasts with '. . . conventional purity unrelated to the terrifying purity of nature, which men destroy by the disorder of their own order and the ridiculous verdicts of their law-courts.'

Real children like to build huts or hidey-holes, even if only with a blanket spread over a table. Just so, in Cocteau's semi-mythical world of l'Enfance the *Lieu Clos* has a vital role. The 'roulotte' of *Les Parents Terribles* is echoed in the 'chambre' of *Les Enfants Terribles*, outside of which nothing seems real to the brother and sister, in the marriage chamber of *La Machine Infernale*, and in the garden of *Renaud et Armide*.

The ideas of childhood and purity are often linked with that of disorder. The ambivalence of Cocteau's attitude to the concept of *Order* is one of the many contradictions he allowed himself: his was no systematic set of ideas – the ambiguities of life were worth more than any dead system. But *Les Parents Terribles* shows how living and dramatically useful he finds the theme.

Lastly, the themes of *le Faux* and *le Vrai* recur often. In some works, notably *Thomas l'Imposteur*, the characters are mytho-maniacs whose sanction is death but whose 'mensonge' is 'plus vrai que le vrai'. Cocteau said of himself 'je suis un mensonge qui dit la vérité.' At the moment of being shot, Guillaume Thomas thinks: 'Je suis perdu si je ne fais pas semblant d'être mort.' In other works, illusions are stripped away until the truth emerges and fate is accomplished. The court of King Arthur is drowned in deception until the advent of Galaad *le très pur*. When he strips away illusion, unhappiness and death ensue (*Les Chevaliers de la Table Ronde*). So too in the Oedipus story of *La Machine Infernale* – which brings us full circle. Oedipe, the *enfant*, the *pur*, seeks to evade *Fate*, but Fate works through his very evasions. There follows the *amour impossible* for Jocaste his *mother*, and the wedding night in a *lieu clos*. Then all *illusions* are stripped away, 'lumière est faite' and brings *death* with it. These are the central themes and myths of Cocteau's world. They are summarized from *La Machine Infernale*, but the reader will find them all in *Les Parents Terribles*.

The foregoing analysis may well give two false impressions which should be corrected. It might suggest a certain repetition and paucity of invention. Not so. Subject, characters, plot, mood, construction, even style – all these differ from play to play. The Sphinx episode, unmentioned here, is the best in *La Machine Infernale*. It is simply that Cocteau, like the French writers of the seventeenth century, chose to explore only certain aspects of human personality, and from a particular angle of vision.

It may seem, too, that Cocteau was a disciple of Freud. His works have indeed been the subject of many studies by the psycho-analytical school. His comment was: 'Ces articles m'amusaient, je les trouvais inexacts, mais à la longue je me suis rendu compte que ce sont peut-être les psychiatres qui ont raison . . . puisqu'un poète ne sait pas exactement ce qu'il fait.' The Freudian element in his work is probably just another instance of his unfailing instinct for reflecting the intellectual and artistic trends of the moment.

LES PARENTS TERRIBLES

Sait-on ce qui se passe en nous? . . . C'est la nuit du corps humain qui fonctionne. (II. 12)

Tout homme . . . abrite une nuit; le travail de l'artiste est de mettre cette nuit en plein jour.

In *Les Parents Terribles*, certainly the best of Cocteau's plays, all the creative ideas, all the best trends of his work come to fruition. Three main factors led to its creation. First, Cocteau's 'tradition d'anarchie' prompted him to go against the current fashion for lavish stage effects in production, a fashion for which his own previous work was largely responsible. This was the period of the great producers – Dullin, Jouvet, Pitoëff. Cocteau wanted to write a play for certain actors (Jean Marais, Yvonne de Bray), to play down production and décor so that nothing should distract the spectator's attention from the acting, or from the text.

Secondly, Cocteau wanted, for a change, to write for a less highbrow audience, one whose taste was for the 'théâtre du Boulevard' – what we would call 'commercial' or West End theatre. But thirdly, he wanted to raise it to the level of tragedy. 'Il faut que le théâtre soit plus vrai que le vrai, plus vrai que la vie. C'est la vie intensifiée et concentrée.' For this reason he steeped himself in Racine, particularly *Britannicus*.

He had written one of his most original works, *Thomas l'Imposteur*, by 'setting up his easel before Stendhal's *Chartreuse de Parme*'. So now he did not want to imitate Racine, for what is less Racinian than a melodramatic story based on the vaudeville comedy situation of a father whose mistress deceives him with his own son? Or the setting of a rather seedy bedroom in an eccentric middle-class home? In Racine he sought the model for what he called 'l'intemporalité de la tenue tragique': concentration, economy, subordination of every detail to the central theme with passion the only mainspring of the story, absence of any element of accident or any irrelevance whatsoever, a sense of fatality. 'It seems to me that I must make every single gesture a cog in the machine, as it were, and never allow any expression of feeling that is purely decorative for fear of unnecessary elaboration.'

But, consciously or unconsciously, he found and adopted more than this. There is the brooding, enclosed atmosphere of Racine's first acts, especially the opening of *Britannicus*, likewise a play in which a son emancipates himself from his mother's influence. There is the cruelty, not only that of Georges' blackmail of Madeleine which is identical to Néron's blackmail of Junie in *Britannicus*, but also in the hounding of Yvonne, and in the way the characters so often, consciously or not, manage to hurt one another. There is the rôle of Léo as an instrument of Fate, so akin in this one respect to that of Oenone in *Phèdre*, both standing inexorable and rock-like while Yvonne and Phèdre are emotionally torn to pieces. Above all there is the dramatic method which consists of taking an explosive situation, a latent conflict which needs only the slightest incident to spark it off: Néron catching sight of Junie; Michel spending a night away from home.

The apparent simplicity of *Les Parents Terribles* is deceptive. Cocteau applies these Racinian elements and methods to a melo-dramatic and even potentially comic situation. The rivalry between father and son, and the final triumph of Madeleine's love are 'Boulevard'. But the conflict between mother and son is pure tragedy: Yvonne may start as a possessive mum having a domestic 'scene', but by Act III we are in the realm of an absolute love, irrational, impossible to accommodate. Seen from this angle, Michel is blood-brother to Oedipe – but it is Jocaste, not Laïus, whom he unwittingly kills. The conflicts are not confined to these two. Yvonne's impossible love for Michel is echoed by Léo's for Georges, and even by that of Georges for Yvonne. Here is no mere pat symmetry, but all the complexity and muddle of real life where few of us understand the deep-seated resentments and urges that motivate us. Georges' excursion into evil in Act II is not a dra-matic trick out of character. He is pouring out on Madeleine a long suppressed resentment of Yvonne. Léo's motives are similarly ambiguous. To what extent is she avenging herself on Yvonne for events of twenty years before? To what extent is she trying to redeem in the children the mistakes of the parents? When the play opens the only certainty is that they are all living in a false situation.

Indeed, seen from this angle, the drama of *Les Parents Terribles* consists of the irruption of truth into a life-time of illusions and self-deceptions. Here Léo becomes central. The real conflict has for the last twenty years been between herself and Yvonne. Her passion for order is expressed in her dislike of self-deception, and in her own clear-sightedness; Yvonne's disorder is accompanied by a total inability to think straight or see clearly. The truths begin to emerge, the illusions are destroyed, first in Yvonne, then Georges, then herself, and finally Yvonne again. At last the illusions are all gone. The self-realization of the 'parents terribles' brings happiness to Michel and Madeleine, death to Yvonne. Instability and disorder have ended in the triumph of a new order. And at every stage Léo is the prime-mover.

All this produces an inexorable movement towards truth and death. Act I begins with the false violence of Yvonne's attempted suicide, false because the whole incident is doubtful, laden with deception. The naïve and unperceptive Georges takes it for an accident; Léo's every word suggests suicide ('Qu'est-ce que tu as fait?'). But was it a genuine attempt or only the hysteria of an egocentric woman? Michel's absence is the flick of the finger that sets the machinery in motion: the three 'parents' begin to have it out, to reveal the truth about themselves and each other. The truth is nearly always wounding, cruel: they had suppressed it, or shut their eyes to it. So that the process leads, on Michel's return, to a series of rending crises: for Yvonne and Michel in Scene 4; for Léo in Scene 6; for Georges in Scene 8. Already we are lifted from a domestic scene into a world of torment, in which the characters talk in terms of violence: '. . . frapper un coup dur, te venger . . . trancher dans le vif . . .' A lot of truth has emerged, but Léo's manipulation of the other two twists the end of the act into another form of 'mensonge': not self-deception this time, but a deliberate deceit that hangs like a threat over the next act.

With Act II we move from tragedy to melodrama: Léo's machinations replace those of Fate, at least in appearance. We also move into a different world from the brooding, shut-in atmosphere of what has gone before. The mood lightens, there is comedy even, which brings home to us how much freedom Michel must find in his 'escape'. But it is overshadowed by the impending furies, Yvonne, Georges and Léo, of whom at this stage Léo or Yvonne seem to be the most ominous. This threat is enhanced by many touches. There is Madeleine's instinctive fear which seems to go beyond the normal apprehension of a fiancée meeting the 'family'. There is the convergence of her two lovers, underlined by the two references to Georges' name. Above all there is the way the irony, already so frequent in the play, seems to proliferate between pages 46 and 48: 'Elle doit être adorable, ta mère . . . Tante Léo nous dégèlera, elle est très forte . . . Cette vieille femme va les étonner . . . Demain tout sera en ordre,' and Madeleine's reference to the two Georges.

With Léo's arrival the real melodrama begins; which of the three will strike? From now on the act becomes tense with lies, artificiality and above all cruelty, culminating in George's vicious blackmail. For of the three 'parents', the monster instinctively feared by Madeleine, turns out to be Georges '. . . de la race des enfants qui commettraient des crimes' (I.2). The essential difference between tragedy and melodrama is that in the latter we are kept in hope – will the Mounties arrive in time? Léo arrives to help Madeleine, and the act ends. But once again the twist is not as simple as it looks. In *La Machine Infernale* the Sphinx 'saves' Oedipe, but this is only the gods' way of disguising the real workings of Fate. So here Léo's volte-face prepares for the next act: the victim of the Infernal Machine is to be not Madeleine but Yvonne.

The speed and inevitability of Act III are extraordinary. Back in Yvonne's stifling room, all three 'parents' writhe in suffering. One is reminded of Sartre's *Huis Clos* and its definition 'l'enfer, c'est les autres'. Yvonne, from the possessive mother of Act I, has become a pure tragic heroine, driven by her 'amour impossible'. She is alone. The effect of Georges' catharsis (Scene 2) is to unite all against her. She twists and turns until there is no escape and she is driven to the truth: 'J'ai retrouvé Mik, *je ne veux pas* le reperdre.' She is hounded (Scenes 3 and 4) until when Michel walks in she sees in him not her son but Death. Léo is no longer in charge: she is the mere tool of Fate. The play rushes to its catastrophe. Yvonne's suicide completes the circle: we are back to the opening scene of Act I with this difference only, that Léo now stands aside to let Yvonne die.

The play then, is faultlessly put together. It is also tightly sewn up by the detail. Each one is put to some dramatic purpose, either to underline or prepare an effect. Thus the slamming of doors is not only a leit-motif of disorder, it becomes essential to the plot in Act II Scene 9 (page 65) when we must be sure that Michel cannot overhear Georges. So too the reference to Grandfather counting commas (I.2 p. 11) finds its purpose when the theme of 'La Famille' comes to a head (III.2 p. 87); the references to sugar remind us of Yvonne's diabetes, especially when Michel munches it at the moment in which she has her premonition of death (III. 4–5); Madeleine's 'in-croy-able', Michel's shoes, Leo's 'jeune fille laide', the lipstick – all the apparent trivia serve a purpose and return.

The unity and density of the play stem also from the recurrence of Cocteau's favourite themes which give it a metaphorical framework: the 'roulotte' or 'lieu clos'; the 'race des enfants' with their purity, their blindness and egoism, their capacity for crime; suicide and death; the oppositions of 'ordre – désordre', 'enfermé-air', 'faux-vrai'. These form a tightly woven fabric of metaphor, to which are added other themes more peculiar to this play: The Family 'au grand complet' with its artificiality ('familles, je vous hais!' said Gide); the references to the theatre, constantly recurring in the mouths of the characters with a reflecting effect similar to that of the player scene in Hamlet, or the mirror in Van Eyck's portrait of Arnolfini.

Cocteau's vividness of metaphor also serves his purpose of imitating ordinary speech but raising it in intensity so that 'ce naturel conserve son surnaturel'. Thus the words *enfoncer, enliser* are revivified by association with the gipsy caravan; clichés are given fresh power as in Michel's 'Ne me touche pas à cet endroit-là . . . je suis à vif.' Or listen to Léo's description of a simpering ballroom wall-flower: '. . . ces jeunes filles niaises et laides qui attendent le malheur sur une chaise de bal.' Elsewhere Cocteau uses the figures and turns of everyday speech for other ends. Sometimes they serve the irony: '. . . le dimanche on peut mourir . . . ta mère a failli mourir d'inquiétude . . . je mourrais que tu dirais: c'est nerveux.' Sometimes they reveal character: Yvonne, all heart and no head, speaks mainly in clichés – her vague 'trancher dans le vif' (I.9 p. 37) is an empty phrase, coming after Léo's murderous remarks of the previous scene. Or again the simple and repetitive turns of speech serve to hammer home the blows of Georges and Léo when they are harassing Yvonne at the end of Act I or the early part of Act III.

Style, themes, construction – all combine to give power and unity to *Les Parents Terribles*. Of Cocteau's aims, two are certainly achieved. His play gives immense scope to the actors; and he has raised a 'Boulevard' subject to the intensity of tragedy. Only two questions remain. Does he achieve tragedy unrelieved? He was himself surprised by the audiences' frequent laughter which he accounted for by describing *Les Parents Terribles* as tragedy seen through a keyhole – we are not *in* the room with the characters. And does Cocteau succeed in giving 'l'intemporalité tragique' to his subject? Does the strange marriage of melodrama and tragedy succeed in lifting the play out of its time and keeping it fresh and undated for us today? It is for the reader to decide.

Some of the Books Consulted

BORGAL, C. *Cocteau. Dieu, La Mort, La Poésie,* Paris. Centurion, 1968.

CROSLAND, M. *Jean Cocteau,* London. Peter Nevill, 1955.

DUBOURG, P. *Dramaturgie de Jean Cocteau,* Paris. Grasset, 1954.

FRAIGNEAU, A. *Cocteau par lui-même,* Paris. Seuil, 1957.

KIHM, J-J. *Cocteau,* Paris. Gallimard, 1960.

KNOWLES, D. *French Drama of the Inter-War Years 1918–1939,* London. Harrap, 1967.

LANNES, R. and PARISOT, H. *Jean Cocteau,* Paris. Seghers, 1968.

MAURIAC, C. *Jean Cocteau, ou la Vérité du Mensonge,* Paris. Odette Lieutier, 1945.

OXENHANDLER, N. *Scandal and Parade: The Theater of Jean Cocteau,* New Brunswick. Rutgers University Press, 1957.

STEEGMULLER, F. *Cocteau,* London. Macmillan, 1970.

Les Parents Terribles

à Yvonne De Bray
qui m'a inspiré cette pièce et qui, tombant malade, ne put
la jouer.
A ceux qui furent mes extraordinaires interprètes.

Jean

Préfaces

PRÉFACE I (*écrite avec la pièce*).

Dans une pièce moderne le casse-tête me semble de faire un grand jeu et de rester un peintre fidèle d'une société à la dérive. J'ai voulu essayer ici un drame qui soit une comédie et dont le centre même serait un nœud de vaudeville si la marche des scènes et le mécanisme des personnages n'étaient dramatiques. J'ai beaucoup tenu à peindre une famille capable de se contredire et d'agir avec mystère tout en respectant le volume d'une pièce qui, pour frapper sur la scène, doit paraître d'un seul bloc.

Il est plus simple de paraître d'un seul bloc si quelque personnage central ne s'écarte jamais d'un vice ou d'une vertu qu'il possède et si ses comparses ne changent pas non plus leur ligne de bout en bout. Le problème de ces trois actes consistait donc à montrer des rôles qui ne fussent pas d'une haleine; capables de retours, de détours, d'élans et de reprises et qui formassent très naturellement un total d'une seule haleine et d'un seul poids.

Il résulte de cette méthode que les rôles doivent être sacrifiés à la pièce et la servir au lieu de se servir d'elle.

C'est ainsi qu'au deuxième acte, la mère s'efface au bénéfice de la jeune femme, qu'au premier acte cette jeune femme ne paraît pas et n'existe que par le fantôme qu'elle suscite et que le père ne donne sa mesure qu'au dernier acte après avoir mis sur scène une apparence de faiblesse, d'égoïsme et de cruauté.

Deux rôles forment l'équilibre de l'ordre et du désordre qui motivent ma pièce. Le jeune homme dont le désordre est pur; sa tante dont l'ordre ne l'est pas. J'ai poussé aussi loin que possible une attitude qui m'est propre: celle de rester extérieur à l'œuvre, de ne défendre aucune cause et de ne pas prendre parti.

3

Le théâtre doit être une action et non point une bonne ou une mauvaise action. La France ne nous oblige plus à jouer au moraliste et la grande difficulté à vaincre doit être d'obtenir du style, sans aucune recherche de langue et sans perdre le naturel.

Ajouterai-je que j'ai inventé mes types, que je n'ai imité personne que je puisse connaître? Je ne me suis soucié, pour leur assurer la vie, que d'un enchaînement logique de circonstances illogiques. Cette fois le timbre de voix et l'allure particulière de certains acteurs, que j'avais en vue, m'ont aidé dans mon entreprise.

PRÉFACE II (*écrite au théâtre*).

Voici, sans aucun doute, la plus délicate et la plus périlleuse de toutes mes entreprises. S'enfermer dans un hôtel de Montargis et tourner le dos au scandale de la mise en scène.★ L'avouerai-je? Je me trouve à l'origine de ce scandale. Mais un scandale commence à devenir scandaleux, lorsque, de salubre, de vif qu'il était, il en arrive au dogme et, dirai-je, lorsqu'il rapporte.

Après Antoine,★ il était normal de mettre en marche de gros mécanismes de décors, de costumes et de gestes. Nous le fîmes. Aujourd'hui le texte prétexte, la mise en scène excentrique, sont devenus chose courante. Le public les exige. Il est donc essentiel de changer les règles du jeu.

Revenir en arrière est impossible. Mais renouer avec de subtils exemples est tentant. Je me souviens d'une époque où le 'Boulevard' régnait en maître. On ne signait pas une mise en scène. Le naturel de L. Guitry, de Réjane, était le naturel des planches, aussi en relief que les excès des monstres sacrés du drame: Sarah Bernhardt, Mounet-Sully, de Max.★ A cette époque, je rêvais le théâtre à travers des programmes, des titres, des affiches, les départs de ma mère en robe de velours rouge. J'imaginais un théâtre, et ce théâtre de rêve m'influençait.

A Montargis, j'essayai d'écrire une pièce qui, loin de servir de prétexte à une mise en scène, servirait de prétexte à de grands comédiens. J'ai, de longue date, employé des décors qui *jouent*.★ Une porte permettant au malheur d'entrer et de sortir. Une chaise, au destin de s'asseoir. Je détestais les surcharges. J'en arrivai à les éviter toutes. Il fallait écrire une pièce moderne et nue, ne donner aux artistes et au public aucune chance de reprendre haleine. Je supprimai le téléphone, les lettres, les domestiques, les cigarettes, les fenêtres en trompe-l'œil,★ et jusqu'au nom de famille qui limite les personnages et prend toujours un air suspect. Il en résulta un nœud de vaudeville, un mélodrame, des types qui, tout en étant d'un bloc, se contredisent. Une suite de scènes – véritables petits actes – où les âmes et les péripéties soient, chaque minute, à l'extrémité d'elles-mêmes.

Le théâtre populaire – un théâtre digne du public qui ne préjuge pas – ne serait-il pas un théâtre de cet ordre et l'échec des œuvres incapables de vivre sans subterfuges décoratifs?

LES PARENTS TERRIBLES ont été représentés pour la première fois au théâtre des *Ambassadeurs*, le 14 novembre 1938.

PERSONNAGES*

YVONNE	Germaine Dermoz.
LÉONIE	Gabrielle Dorziat.
MADELEINE	Alice Cocéa.
GEORGES	Marcel André.
MICHEL	Jean Marais.

Décors de Guillaume Monin.
A Paris de nos jours.

DÉCORS

Acte I: Chambre d'Yvonne.
Acte II: Chez Madeleine.
Acte III: Chambre d'Yvonne.

NOTE

Les chambres seront celles de cette famille en désordre et de Madeleine (le contraire).

Un seul détail obligatoire: Les décors, très réalistes, seront construits assez solidement pour que les portes puissent claquer.

LÉO (Léonie) *répète souvent:* 'Chez vous, c'est la maison des portes qui claquent.'

6

Acte I

La Chambre D'Yvonne

Au second plan à gauche, porte de la chambre de Léo. Au premier plan à gauche, fauteuil et coiffeuse. Au fond à gauche, porte sur l'appartement. Au fond à droite, de face aussi, porte de la salle de bains qu'on devine blanche et très éclairée. Au deuxième plan à droite, porte d'entrée sur le vestibule. Premier plan à droite, de profil, le lit très vaste et très en désordre. Fourrures, châles, etc . . .

Au bout du lit une chaise.

Centre au fond, chiffonnier.

Près du lit, petite table avec lampe. Lustre central éteint. Des peignoirs traînent.

Les fenêtres sont censées ouvertes dans le mur idéal. Il en arrive une lumière sinistre: celle de l'immeuble d'en face.

Pénombre.

SCÈNE I
GEORGES, *puis* LÉO, *puis* YVONNE

Lorsque le rideau se lève, Georges court du cabinet de toilette à la porte de Léo et crie en claquant cette porte.

GEORGES Léo! Léo! Vite . . . Vite . . . Où es-tu?

Voix de LÉO Michel a donné signe de vie?

GEORGES, *criant.* Il s'agit bien de Michel . . . Dépêche-toi.

LÉO, *ouvre la porte. Elle entre, en passant une robe de chambre élégante.*
Qu'y a-t-il?

GEORGES Yvonne s'est empoisonnée.

LÉO, *stupéfaite*. Quoi?

GEORGES L'insuline . . . Elle a dû remplir la seringue.

LÉO Où est-elle?

GEORGES Là . . . Dans le cabinet de toilette . . .

> *Yvonne ouvre la porte entr'ouverte du cabinet de toilette et apparaît en peignoir éponge,* livide, se tenant à peine debout.*

LÉO Yvonne . . . Qu'est-ce que tu as fait? (*Elle traverse la scène et la soutient.*) Yvonne! (*Yvonne fait un signe – le signe non.*) Parle-nous . . . Parle-moi . . .

YVONNE, *presque inintelligible*. Sucre.

GEORGES Je vais téléphoner à la clinique. C'est dimanche; il n'y aura personne . . .

LÉO Reste. Vous perdez la tête . . . Heureusement que je suis là. (*Elle couche Yvonne sur le lit.*) Tu ne sais pas encore qu'il faut manger après l'insuline et que si on n'a pas mangé il faut du sucre.

GEORGES Mon Dieu!

> *Il entre dans le cabinet et sort, un verre d'eau à la main. Léo le lui prend et fait boire Yvonne . . .*

LÉO Bois . . . Essaie, fais l'impossible . . . Ne te crispe pas, ne te laisse pas aller. Tu ne vas pas mourir avant d'avoir revu Michel.

> *Yvonne se soulève et boit.*

GEORGES Que je suis bête. Sans toi, Léo, elle mourait; je la laissais mourir sans comprendre.

LÉO, *à Yvonne*. Comment te sens-tu?

YVONNE, *très bas*. C'est immédiat. Je vais mieux. Je vous demande pardon. J'ai été grotesque . . .

GEORGES J'entends encore le professeur: 'Surtout pas le sucre de chez vous. C'est rarement du sucre. Achetez du sucre de canne.' Le verre est toujours préparé d'avance, le sucre fondu.

YVONNE, *d'une voix plus claire*. C'est ma faute.

LÉO Avec une folle comme toi.

YVONNE, *elle se redresse et sourit*. J'étais plus folle que d'habitude . . .

GEORGES C'est justement ce qui m'a trompé.

YVONNE Léo n'est pas folle, elle. Je n'aurais pas réservé cette surprise charmante à Mik . . .

GEORGES Il n'a pas tes scrupules.

YVONNE Ouf! (*A Léo.*) Merci, Léo. (*Elle s'appuie sur les oreillers.*) Voici ce qui est arrivé. Il était cinq heures, l'heure de ma piqûre. J'ai pensé que ce serait une distraction. Une fois la piqûre finie, j'ai cru entendre l'ascenseur qui s'arrêtait à l'étage. J'ai couru dans l'antichambre. Je m'étais trompée. En revenant dans la salle de bains, je me suis presque trouvée mal. Georges est arrivé par miracle!

GEORGES Par miracle. Je venais voir si tu dormais un peu.

LÉO Les voilà avec leurs miracles! Tu travaillais dans la lune . . . Tu as entendu sonner cinq heures, pas dans la lune, et tu as marché dans la lune, jusqu'à la chambre d'Yvonne.

GEORGES C'est possible, Léo. Tu es plus forte que moi. Je croyais être venu chez Yvonne par hasard . . .

YVONNE Par miracle, mon bon Georges. Sans toi! . . .

GEORGES Et sans Léo . . .

YVONNE, *riant, tout à fait bien.* Sans vous je risquais de rendre beaucoup de mal pour un peu de mal . . .

GEORGES Pour beaucoup de mal, Yvonne. Je ne vois qu'une chose: Michel n'est pas rentré hier soir. Michel a découché. Michel n'a donné aucun signe de vie. Michel te connaît. Il devine l'état où tu dois être . . . Tu as oublié le sucre parce que tu as les nerfs à bout. C'est monstrueux.

YVONNE Pourvu qu'il ne lui soit rien arrivé de grave. Un dimanche, on ne trouve personne. Peut-être qu'un de ses camarades n'ose pas nous téléphoner, nous prévenir . . .

GEORGES Les choses graves, Yvonne, on les apprend tout de suite. Non, non. C'est in-cro-yable!

Il prononce ce mot en séparant les lettres, d'une manière spéciale et comme entre guillemets.

YVONNE Mais où peut-il être? Où est-il?

LÉO Écoute, Yvonne, après ce choc ne t'excite pas. Georges, ne l'excite pas. Retourne à ton travail, je t'appellerai si nous avons besoin de toi.

YVONNE Essaie de travailler . . .

GEORGES, *il se dirige vers la porte, de face au fond à gauche.* J'aligne des chiffres. Je me trompe et je recommence.

Il sort.

SCÈNE II

YVONNE, LÉO

YVONNE Léo, où cet enfant a-t-il couché? Comment ne se dit-il pas que je deviens folle? . . . Comment ne me téléphone-t-il pas?* Enfin, ce n'est pas difficile de téléphoner . . .

LÉO Cela dépend. S'il faut mentir, les êtres propres, neufs, maladroits comme Michel, détestent le téléphone.

YVONNE Pourquoi Mik mentirait-il?

LÉO De deux choses l'une: ou bien il n'ose ni rentrer, ni téléphoner. Ou bien il se trouve si bien ailleurs qu'il ne pense ni à l'une ni à l'autre. De toute manière, il cache quelque chose.

YVONNE Je connais Mik. Tu ne vas pas m'apprendre à le connaître. Oublier de rentrer, il n'en est pas question. Et, s'il n'ose pas prendre le téléphone, c'est peut-être qu'il ne peut pas téléphoner.

LÉO On peut toujours téléphoner. Michel peut et ne veut pas téléphoner.

YVONNE Depuis ce matin tu es drôle, tu as l'air trop calme. Tu sais quelque chose.

LÉO Je ne sais pas quelque chose. Je suis sûre de quelque chose. Ce n'est pas pareil.

YVONNE De quoi es-tu sûre?

LÉO Ce n'est pas la peine de te le dire, tu ne le croirais pas. Tu t'écrierais sans doute: '*C'est in-cro-yable*' car, c'est incroyable ce que vous pouvez tous employer ce mot, depuis quelque temps.

YVONNE Écoute! . . . C'est un mot de Michel . . .

LÉO Possible. Mais quelquefois un mot arrive du dehors, dans une famille qui l'adopte. Il est apporté par l'un ou par l'autre. Je trouve à votre 'in-cro-yable' un petit air d'enfant volé. D'où vient-il? Je me le demande. J'aimerais beaucoup savoir d'où il vient.

YVONNE, *riant.* Il n'y a rien d'extraordinaire à ce que des mani-aques, des fous, des romanichels, des voleurs d'enfants, une famille qui habite une roulotte . . .

LÉO Tu plaisantes, Yvonne, parce que j'ai dit que vous habitiez une roulotte. Mais c'est exact. Je le répète. Et il est exact aussi que vous êtes des fous.

YVONNE La maison est une roulotte, j'en conviens. Nous sommes des fous, j'en conviens. A qui la faute?

LÉO Tu vas me sortir grand-père!

YVONNE Qui collectionnait des points et virgules. Il comptait les points et virgules de Balzac. Il disait: 'J'ai trente-sept mille points et virgules dans *La cousine Bette.*'★ Et il croyait se tromper, et il recommençait ses calculs. Seulement à l'époque on ne disait pas un fou. On disait 'un maniaque'. Aujourd'hui, avec un peu de complaisance, tout le monde passerait pour fou.

LÉO Mettons que vous soyez des maniaques. Tu le reconnais.

YVONNE Toi aussi, dans ton genre tu es une maniaque.

LÉO C'est probable . . . Une maniaque d'ordre comme vous êtes des maniaques de désordre.★ Tu sais fort bien pourquoi notre oncle m'a légué sa très petite fortune. Il sous-entendait que je vous ferais vivre.

YVONNE Léonie!

LÉO Ne te fâche pas. Je ne formule aucun grief. Personne n'admire Georges plus que moi. Et je suis trop heureuse que, grâce à ce legs, il puisse poursuivre ses recherches.

YVONNE Alors, que toi, toi! tu prennes ces recherches au sérieux . . . ça me dépasse . . . Tiens, Georges, voilà le type de maniaque.

Perfectionner le fusil sous-marin! Entre nous, c'est ridicule, à son âge!...

LÉO Georges est un enfant. Il n'a lu que ses livres d'école et Jules Verne. C'est un bricoleur, mais c'est un inventeur. Tu es injuste.

YVONNE L'affaire des munitions... J'admets: parce que Georges est un ami de collège du Ministre! J'admets... bien que la commande traîne. Quant au fusil sous-marin à balles... Veux-tu que je te dise ce que j'en pense? Il manquait à la roulotte un 'tireur sous-marin'. Moi, avec mes vieux peignoirs et mes réussites, je suis la tireuse de cartes. Toi, la dompteuse; tu serais superbe en dompteuse... et Mik... Mik...
Elle cherche

LÉO La huitième merveille du monde.

YVONNE Tu es méchante...

LÉO Je ne suis pas méchante, je t'observe depuis hier, Yvonne, et je me félicite d'avoir apporté un peu d'ordre dans la roulotte. En ce monde il y a les enfants et les grandes personnes. Je me compte, hélas, parmi les grandes personnes. Toi... Georges... Mik, vous êtes de la race des enfants qui ne cessent jamais de l'être, qui commettraient des crimes...*

YVONNE, *l'arrêtant.* Chut... Écoute... (*Silence.*) Non. Je croyais entendre une voiture. Tu parlais de crimes... Si je ne m'abuse, tu nous traitais même de criminels.

LÉO Comme tu écoutes mal... Je te parlais de crimes qu'on peut commettre par inconscience. Il n'existe pas d'âmes simples. N'importe quel prêtre de campagne te dira que le moindre village abrite des instincts de meurtre, d'inceste, de vol, qu'on ne rencontre pas dans les villes. Non, je ne vous traitais pas de criminels. Au contraire! Une vraie nature de criminel est quelquefois préférable à cette pénombre où vous vous complaisez et qui me fait peur.

YVONNE Mik a sans doute bu une goutte de champagne. Il n'a pas l'habitude. Il est resté chez un camarade. Peut-être dort-il. Peut-être a-t-il honte de sa fugue. Je le trouve impardonnable de

m'avoir fait passer cette nuit d'angoisse et cette journée sans fin
mais je t'avoue que je ne peux pas le trouver criminel!

LÉO, *elle s'approche du lit d'Yvonne.* Yvonne, je voudrais savoir si tu
te moques de moi.

YVONNE Hein?

LÉO, *elle lui lève le visage par le menton.* Non. Je croyais que tu
crânais, que tu jouais un rôle. Je me trompais. Tu es aveugle.

YVONNE Explique-toi.

LÉO Michel a passé la nuit chez une femme.

YVONNE Michel?

LÉO Michel.

YVONNE Tu perds la tête. Mik est un enfant. Tu le disais toi-
même il y a une minute ...

LÉO C'est toi qui perds la tête. J'ai dit que vous étiez, toi, Georges
et Michel, d'une race d'enfants, une race dangereuse que
j'opposais à la race des grandes personnes. Mais Michel n'est
plus un enfant à la manière dont tu l'imagines. C'est un homme.

YVONNE Il n'a pas fait son service.★

LÉO A cause de ses bronches et du Ministre, ma chère Yvonne. Ce
service libérait Michel.★ Il ne fallait à aucun prix qu'il s'éloigne.
Il a vingt-deux ans.

YVONNE Eh bien ...

LÉO Tu es fantastique ... Tu sèmes, tu sèmes, et tu ne vois même
pas la récolte.

YVONNE J'ai semé quoi? Et je récolte quoi?

LÉO Tu as semé du linge sale, des cendres de cigarettes, que sais-
je? Et tu récoltes ceci: que Michel étouffe dans votre roulotte et
qu'il a fallu qu'il cherche de l'air.

YVONNE Et tu prétends qu'il cherche de l'air chez des femmes,
qu'il fréquente des grues.

LÉO Voilà le style des familles★ qui revient. Sais-tu pourquoi
Michel n'a pas téléphoné? Pour ne pas entendre au bout du fil:
'Rentre, mon enfant, ton père a à te parler' ou quelque baliverne
de ce genre, et c'est moi, moi qui veille sur la roulotte, moi

l'ordre, moi la maniaque d'ordre, la seule à ne pas me draper dans les vestiges de la bourgeoisie. Qu'est-ce qu'une famille bourgeoise? je te le demande: c'est une famille riche, en ordre avec des domestiques ... Chez nous, pas d'argent, pas d'ordre et pas de domestiques. Les domestiques restaient quatre jours. Il a fallu que je m'arrange, grâce à une femme de ménage (qui ne vient pas le dimanche). Mais les phrases et les principes tiennent bon. L'épave de la bourgeoisie! Nous ne sommes pas une famille artiste. Nous n'avons pas le type bohémien. Alors?

YVONNE Qu'est-ce que tu as, Léo ... Tu t'exaltes ...

LÉO Je ne m'exalte pas. Mais il y a des moments où votre roulotte, votre épave, dépassent les bornes. Sais-tu pourquoi une montagne de linge sale s'empile au beau milieu de la chambre de Michel? Sais-tu pourquoi Georges pourrait écrire ses calculs dans la poussière de sa table d'architecte, pourquoi la baignoire bouchée depuis une semaine n'est pas encore débouchée? Eh bien, c'est que, quelquefois, j'ai une espèce de jouissance à vous laisser vous enfoncer, vous enfoncer, vous enliser, à voir ce qui arriverait si cela continuait ... et puis ma manie d'ordre prend le dessus et je vous sauve.

YVONNE Et, selon toi, notre roulotte aurait poussé Michel à se chercher ... un intérieur ... chez une femme ...

LÉO Il n'est pas le seul.

YVONNE Tu parles de Georges?

LÉO Je parle de Georges.

YVONNE Tu accuses Georges de me tromper?

LÉO Je n'accuse personne. Puisque je ne profite pas des avantages de la bourgeoisie, je me refuse aux mensonges qui viennent d'une vieille habitude sinistre de chuchoter et de fermer les portes dès qu'on parle de naissance, de fortune, d'amour, de mariage ou de mort.

YVONNE Tu as découvert que Georges me trompe?

LÉO Tu le trompes bien, toi!

YVONNE Moi ... Je trompe Georges? Et avec qui?

LÉO Depuis le jour de la naissance de Michel tu as trompé Georges.
Tu as cessé de t'occuper de Georges pour ne t'occuper que de
Michel. Tu l'adorais . . . tu en étais folle et ton amour n'a fait que
grandir tandis que Michel grandissait. Ils grandissaient ensemble.
Et Georges restait seul . . . Et tu t'étonnes qu'il ait cherché de la
tendresse ailleurs. Tu croyais naïvement que la roulotte n'avait
qu'à être une roulotte.

YVONNE En admettant que toutes ces folies soient véritables . . .
que Georges (qui ne s'intéresse à rien en dehors de ses soi-disant
inventions) ait une maîtresse et que Michel (qui me raconte tout,
pour qui je suis un camarade) ait passé la nuit chez une femme,
pourquoi donc avoir tant tardé à me l'apprendre?

LÉO Je ne te croyais pas aveugle. Je pensais: c'est impossible.
Yvonne s'arrange. Elle ferme les yeux . . .

YVONNE Georges encore . . . aurait des excuses . . . après vingt
ans de mariage l'amour change de forme. Il existe une parenté
entre époux qui rendrait certaines choses très gênantes, très
indécentes, presque impossibles.

LÉO Tu es une drôle de femme, Yvonne.

YVONNE Non . . . mais je dois te paraître drôle, parce que tu me
considères de si loin. Pense donc! . . . tu as toujours été belle,
ondulée, tirée à quatre épingles, élégante, brillante, et moi je suis
venue au monde avec un rhume des foins, avec des mèches de
travers et des peignoirs criblés de trous de cigarettes. Si je mets
de la poudre ou du rouge j'ai l'air d'une grue.

LÉO Tu as quarante-cinq ans et j'en ai quarante-sept.

YVONNE Tu as l'air plus jeune que moi.

LÉO Georges ne t'en a pas moins choisie. Nous étions fiancés.
Tout à coup, il a décidé que c'était toi qu'il voulait, toi qu'il
épousait . . .

YVONNE Tu n'y tenais pas beaucoup. Tu nous as presque poussés
l'un vers l'autre.

LÉO Cela me regarde. Je respecte Georges. J'ai craint que chez moi
tout ne se passe ici. (*Elle montre son front.*) Chez toi tout se passait

là et là. (*Elle désigne son cœur et son ventre.*) Je ne savais pas que tu voulais si fortement un fils – et vous autres, gens de la lune, ce que vous voulez on vous l'accorde – et que tu deviendrais folle de ce fils au point de lâcher Georges.

YVONNE Georges pouvait se réfugier auprès de toi.

LÉO Tu aurais voulu que je couche avec Georges pour t'en débarrasser . . . je reste vieille fille. Merci.

YVONNE, *avec lassitude.* Écoute! . . .

LÉO Et du reste, je n'y ai aucun mérite. Il n'aurait pas voulu de moi. Il cherche la jeunesse . . .

YVONNE Tiens . . . tiens . . . tiens . . .

LÉO Ton incrédulité ne change pas mon opinion.

YVONNE Tu t'es faite détective . . .

LÉO Je ne moucharde pas Georges. Il est libre. Michel est libre. Mais il y a des indices qui ne trompent pas une femme aussi femme que moi, même si elle est restée vieille fille. Il y a un fantôme de femme, un fantôme de très jeune femme qui circule dans la maison.

YVONNE C'est in-cro-yable.

LÉO Et voilà cet in-cro-yable dont je te parlais. Il nous arrive de Georges. Il l'avait avant Michel. Il l'a donné à Michel et il te l'a donné comme une maladie honteuse.

YVONNE Et sans doute Michel aussi me trompait . . . Je veux dire . . . me mentait.

LÉO Le terme était exact. Inutile de te reprendre. Il te trompait. Il te trompe.

YVONNE Je ne peux pas l'imaginer. C'est impossible. Je ne veux pas, je ne peux pas l'imaginer.

LÉO Tu supportes d'imaginer un Georges qui te trompe. Ce spectacle te laisse tranquille. Michel, c'est une autre affaire . . .

YVONNE Tu mens. J'ai toujours été pour Michel un camarade. Il peut tout me dire . . .

LÉO Aucune mère n'est le camarade de son fils. Le fils devine vite l'espion derrière le camarade et la femme jalouse derrière l'espion.

YVONNE Je ne suis pas une femme aux yeux de Mik.

LÉO C'est ce qui te trompe. Michel n'est pas un homme à tes yeux. C'est le petit Michel que tu portais dans son lit et que tu laissais entrer et jouer dans ton cabinet de toilette. Aux yeux de Michel tu es devenue femme. Et c'est là que tu as eu tort de n'être pas coquette. Il t'a observée, jugée. Il a quitté la roulotte.

YVONNE Et où le pauvre Michel trouverait-il le temps de se consacrer à cette femme mystérieuse?

LÉO Le temps est élastique. Avec un peu d'adresse on peut avoir l'air d'être toujours dans un endroit et être toujours dans un autre.

YVONNE Il rapporte des dessins de ses cours.

LÉO Trouves-tu Mik très très doué pour le dessin?

YVONNE Il est doué pour une foule de choses.

LÉO Justement. Il a des dons de touche-à-tout. Les pires. Et, de plus, il appartient à une génération qui confondait la poésie et l'ivresse de ne rien faire. Michel est d'une génération qui flâne. Cette génération est loin d'être bête. Crois-tu qu'il rapporterait le genre de dessins qu'il rapporte s'il se rendait au cours? Je suis certaine qu'il en rapporterait d'autres.

YVONNE Je lui avais interdit l'académie de nu.*

LÉO Est-il possible que tu te sois donné ce ridicule?

YVONNE Il avait dix-huit ans . . .

LÉO Tu n'as aucun sens des âges ni des sexes.

YVONNE Je sais que nous . . .

LÉO Tu ne vas pas comparer un garçon de dix-huit ans, en pleine force malgré ses fameuses bronches, élevé dans une roulotte, avec deux femmes dont l'une passe sa vie en peignoir éponge et l'autre a renoncé à vivre.

YVONNE Michel travaille.

LÉO Non. Michel ne travaille pas. Et tu ne veux pas qu'il travaille. Tu ne tiens pas à ce qu'il travaille.

YVONNE Voilà du nouveau.

LÉO Tu as toujours empêché Michel de prendre du travail.

YVONNE Pour ce qu'on lui offrait.

LÉO On lui offrait des places de débutant et où il pouvait gagner de quoi vivre.

YVONNE Je me suis renseignée chaque fois. Ces places étaient stupides et le mettaient en contact avec une quantité de gens de cinéma, de gens d'automobile, de gens affreux.

LÉO Ici nous approchons de la vérité. Nous sommes moins loin du mensonge. Tu redoutais de voir Michel prendre le large. Tu le voulais dans tes jupes. Tu voulais qu'il quitte la roulotte le moins possible. Et tu l'as découragé de chercher une situation.

YVONNE Georges lui trouvait des places extravagantes.

LÉO Une d'elles était une très bonne place. Mais il fallait voyager. Aller au Maroc. Tu lui as défendu d'aller au rendez-vous.

YVONNE J'agis comme bon me semble.

LÉO Et tu as la naïveté de croire que Michel ne passe pas entre les mailles du filet.

YVONNE C'est lui qui refusait de sortir.

LÉO Lui en as-tu donné souvent l'occasion? As-tu cherché à ce qu'il rejoigne des bandes de jeunes gens et de jeunes filles? Avais-tu admis d'envisager son mariage?

YVONNE Le mariage de Mik!

LÉO Parfaitement. Beaucoup de jeunes gens se marient à vingt-trois ans, vingt-quatre, vingt-cinq ans ...

YVONNE Mik est un bébé.

LÉO Et s'il ne l'était plus?

YVONNE Je serais la première à lui chercher une femme ...

LÉO Oui ... Une jeune fille bien laide et bien stupide qui te permettrait de garder ton rôle et de surveiller ton fils.

YVONNE C'est faux. Michel est libre. Dans la mesure où je peux laisser libre un garçon très naïf et très recherché.

LÉO Je te mets en garde, n'essaie pas de chambrer Michel. Il pourrait s'en apercevoir et t'en vouloir.

YVONNE Je ne te savais pas si grande psychologue. (*Sans transition.*) Mon Dieu! On sonne à la porte! (*Sonnerie dans l'antichambre.*)

Oh! Vas-y, Léo, vas-y vite. Je n'aurais pas la force de me tenir debout.

Léo sort par la porte de droite. A peine seule, Yvonne saisit le sac oublié par Léo sur le lit, l'ouvre, se regarde dans la petite glace, se poudre les coins du nez, se recoiffe. La porte s'ouvre. Elle a juste le temps de jeter le sac où il était. Entrent Léo et Georges. Georges allume.

SCÈNE III

YVONNE, LÉO, GEORGES, *puis* MICHEL

YVONNE, *se détournant.* Qui est-ce qui allume?

GEORGES C'est moi. J'éteins ... J'avais cru ... Il fait si sombre dans ta chambre.

YVONNE J'aime l'obscurité. Qui était-ce?

LÉO Un client du docteur au-dessus qui se trompait d'étage. Nous lui avons évité un étage. Tous les dimanches le docteur est à la chasse.

Silence.

GEORGES Rien de neuf?

YVONNE Rien ... Jusqu'à ce coup de sonnette.

GEORGES Le professeur aussi est à la chasse. On serait malade ... le dimanche on peut mourir.

Silence.

YVONNE Du reste ... je suis idiote. Il a les clefs.

GEORGES Il est intolérable que les clefs de l'appartement traînent n'importe où ...

YVONNE D'autant plus qu'il a pu les perdre.

GEORGES Et un beau jour on s'étonne d'être assassiné! Il doit me les rendre.

LÉO Il est dommage que l'on ne puisse pas enregistrer votre dialogue.

Ils sont tous groupés au premier plan. Pendant qu'ils parlent, Michel entre sans être entendu, par la porte de droite. Il a l'air gai d'un garçon qui a fait une farce.

YVONNE Quelle heure est-il?

MICHEL Six heures.

Tous se lèvent d'un bond. Yvonne elle-même, debout près du lit.

MICHEL Ce n'est pas mon spectre. C'est moi!

GEORGES Michel, tu as fait une peur effroyable à ta mère. Regarde-la. Comment es-tu rentré?

MICHEL, *pendant que Léo recouche Yvonne.* Par la porte. J'ai monté l'escalier quatre à quatre. Je n'ai plus de souffle. Sophie! Qu'est-ce que tu as?

GEORGES D'abord, je trouve indécent, qu'à ton âge, tu t'obstines à appeler ta mère Sophie.

YVONNE Georges! . . . c'est une vieille taquinerie qui sort de la bibliothèque rose.* Ce n'est pas grave.

GEORGES Ta mère n'est pas bien du tout, Michel.

MICHEL, *tendrement.* Sophie . . . C'est moi qui t'ai mise dans un état pareil . . .

Il s'approche pour embrasser sa mère; elle le repousse.

YVONNE Laisse . . .

MICHEL Vous en faites des figures. On dirait que j'ai commis un crime.

GEORGES Tu n'en es pas loin, mon petit. Ta mère a failli mourir d'inquiétude.

MICHEL Je rentrais, fou de joie de vous voir, de retrouver la roulotte, d'embrasser maman. Je suis consterné . . .

GEORGES Il y a de quoi. D'où viens-tu?

MICHEL Laisse-moi souffler un peu! Je n'en ai que trop à vous dire.

LÉO, *à Georges.* Tu vois . . .

MICHEL Tante Léo n'a pas perdu la tête. Comme d'habitude.

LÉO On pouvait perdre la tête, Michel, je ne plaisante pas. Aujourd'hui je ne trouve pas l'état de ta mère excessif.

MICHEL Qu'est-ce que j'ai fait?

GEORGES Tu n'es pas rentré hier soir. Tu as découché. Tu ne nous as pas prévenus de l'heure à laquelle tu reviendrais.

MICHEL J'ai vingt-deux ans, papa . . . Et c'est la première fois que je découche. Avoue . . .

YVONNE D'où viens-tu? Ton père t'a demandé d'où tu venais.

MICHEL Écoutez, mes enfants . . . (*Il se rattrape.*) Oh! pardon . . . Écoute, papa, écoute, tante Léo, ne gâchez pas mon plaisir . . . Je voulais . . .

YVONNE Tu voulais, tu voulais. C'est ton père qui commande, ici. Du reste, il a à te parler. Tu vas le suivre dans son bureau.

LÉO, *les imitant.* In-cro-yable.

MICHEL Non, Sophie. D'abord papa n'a pas de bureau. Il a une chambre très mal tenue. Ensuite je voudrais te parler à toi, à toi seule, d'abord.

GEORGES Mon cher enfant, je ne sais pas si tu te rends compte . . .

MICHEL Je me rends compte qu'il fait noir comme dans un four. J'allume . . . (*Il allume une lampe de table*) . . . et qu'en mon absence la roulotte fabriquait du film d'aventures au kilomètre.

YVONNE Puisque Michel trouve plus facile de me parler à moi d'abord, laissez-nous.

LÉO Naturellement . . .

YVONNE Si Mik a quelque chose sur le cœur, il est normal qu'il veuille le confier à sa mère. Georges, retourne à ton travail. Emmène-le, Léo.

MICHEL Papa, tante, il ne faut pas m'en vouloir. Je vous dirai tout. J'éclate!

YVONNE Ce n'est pas grave. N'est-ce pas, Mik?

MICHEL N . . . on, oui et non.

YVONNE Georges, tu l'intimides.

MICHEL Papa m'intimide. Et toi, tante Léo, tu es trop maligne . . .

YVONNE Moi je suis son camarade. Tu vois, Léo, je te l'avais dit.

LÉO Bonne chance. Viens, Georges. Quittons le confessionnal. (*Elle se détourne.*) Tu ne veux pas que j'éteigne? Tu avais grondé Georges parce qu'il allumait.

YVONNE C'était le lustre. La lampe ne me gêne pas.

Ils sortent par le fond, à gauche.

GEORGES, *avant de sortir.* J'ai à te parler, mon petit. Je ne te tiens pas quitte.

MICHEL Entendu, papa.

Il ferme la porte.

SCÈNE IV

YVONNE, MICHEL

MICHEL Sophie! Ma petite Sophie adorée. Tu m'en veux?

Il s'élance, l'embrasse de force.

YVONNE Tu ne peux pas embrasser sans bousculer, sans vous tirer les cheveux. (*Michel continue.*) Ne m'embrasse pas dans l'oreille, j'ai horreur de ça! Michel!

MICHEL Je ne l'ai pas fait exprès.

YVONNE Ce serait le comble!

MICHEL, *se reculant, et sur un ton de farce.* Mais . . . Sophie . . . Que vois-je? Vous avez du rouge aux lèvres!

YVONNE Moi!

MICHEL Oui, toi! Et de la poudre. En voilà des manières. Et pour qui tous ces frais? Pour qui? C'est in-cro-yable . . . du rouge, du vrai 'rouge baiser'.

YVONNE J'étais livide. J'ai craint d'effrayer ton père.

MICHEL Ne l'essuie pas. Ça t'allait si bien!

YVONNE Pour ce que tu me regardes.

MICHEL Sophie! tu me fais une scène, ma parole! Moi qui te connais par cœur.

YVONNE Il est possible que tu me connaisses par cœur. Mais tu ne me regardes pas. Tu ne me vois pas.

MICHEL Erreur, chère Madame. Je vous regarde du coin de l'œil – et je trouvais même que vous vous négligiez beaucoup.* Si vous me laissiez vous coiffer, vous maquiller . . .

22

YVONNE Ce serait du propre.*

MICHEL Sophie, tu boudes! Tu m'en veux encore.

YVONNE Je suis incapable de bouder. Non, Mik, je ne t'en veux pas. J'aimerais apprendre ce qui se passe.

MICHEL Patience. Et vous apprendrez tout.

YVONNE Je t'écoute . . .

MICHEL Pas d'air solennel, maman. Pas d'air solennel!

YVONNE Mik!

MICHEL Jure-moi de ne pas prendre l'air famille, de prendre l'air roulotte. Jure-moi que tu ne pousseras pas de cris, que tu me laisseras m'expliquer jusqu'au bout. Jure-le.

YVONNE Je ne jure rien d'avance.

MICHEL Tu vois . . .

YVONNE Dehors on doit te flatter, t'encenser. Et quand moi, je te dis ce qui est . . .

MICHEL Sophie . . . Je vais chez papa . . . Il fera semblant de finir un calcul et il me sortira les phrases que tu me sors, à la queue leu leu.*

YVONNE Ne te moque pas du travail de ton père!

MICHEL Tu n'arrêtes pas de plaisanter le fusil sous-marin à balles et maintenant . . .

YVONNE Moi, ce n'est pas pareil. C'est déjà énorme que je ne t'empêche pas de m'appeler Sophie, sauf en public . . .

MICHEL Nous ne sommes jamais en public.

YVONNE Enfin, bref, je te permets de m'appeler Sophie, mais je t'ai trop laissé la bride sur le cou et je n'ai pas surveillé ton désordre. Ta chambre est une écurie . . . laisse-moi parler . . . une écurie! on en est chassé par le linge sale.

MICHEL C'est tante qui s'occupe du linge . . . et puis tu m'as répété cent fois que tu aimais voir mes affaires qui traînent, que tu détestais les armoires, les commodes, la naphtaline . . .

YVONNE Je n'ai pas dit ça! . . .

MICHEL Pardon!

YVONNE J'ai dit, il y a un siècle, que j'aimais trouver un peu partout tes petites affaires d'enfant. Un jour je me suis aperçue que ces affaires qui traînaient étaient des chaussettes d'homme, des caleçons d'homme, des chemises d'homme. Ma chambre avait pris un air de chambre de crime. Je t'ai prié de ne plus semer tes affaires chez moi.

MICHEL Maman!...

YVONNE Ah! Il n'y a plus de Sophie. Tu te souviens. J'en ai eu assez de peine.

MICHEL Tu refusais de me border. Nous nous sommes battus...

YVONNE Mik! je t'ai porté dans ton lit jusqu'à onze ans. Après, tu es devenu trop lourd. Tu te pendais à mon cou. Après tu mettais tes pieds nus sur mes savates, tu me tenais par les épaules et nous marchions ensemble jusqu'à ton lit. Un soir tu t'es moqué de moi parce que je te bordais, et je t'ai prié d'aller te coucher seul.

MICHEL Sophie! Laisse-moi monter sur ton lit; j'ôte mes souliers ... Ah! Me fourrer près de toi, mettre mon cou sur ton épaule. (*Il le fait.*) Je n'aimerais pas que tu me regardes. Nous regarderons ensemble droit devant nous la fenêtre de l'immeuble d'en face,★ la nuit. Chevaux de roulotte pendant une halte. Hein?

YVONNE Ces préparatifs ne présagent rien de bon.

MICHEL Tu m'as promis d'être très, très gentille.

YVONNE Je n'ai rien promis du tout.

Ils gardent la pose, tandis que leurs visages sont éclairés par une lumière qui doit venir de la fenêtre et qui est peut-être celle de l'appartement d'en face.

MICHEL Ce que tu es méchante.

YVONNE Ne m'enjôle pas. Si tu as quelque chose à me dire, dis-le. Plus on traîne, plus c'est difficile. Tu as des dettes?

MICHEL Sophie, taisez-vous. Ne soyez pas absurde.

YVONNE Michel!...

MICHEL Tai-sez-vous.

YVONNE Je me tais, Mik. Parle. Je t'écoute.

MICHEL, *assez vite et avec un peu de gêne. Pendant qu'il parle, sans voir sa mère, la figure d'Yvonne se décompose, jusqu'à devenir terrible.* Sophie, je suis très heureux, et je voulais attendre d'être sûr de mon bonheur pour t'en faire part. Parce que si tu n'es pas heureuse en même temps que moi, je ne pourrai plus l'être. Tu comprends? Imagine-toi que j'ai rencontré au cours, une jeune fille . . .

YVONNE, *prenant sur elle.* Le cours n'est pas mixte . . .

MICHEL, *il met la main sur la bouche d'Yvonne.* Veux-tu m'écouter. Je n'allais pas chaque fois au cours de dessin. Je parle d'un cours de sténodactylo. Papa m'avait laissé entendre qu'il me trouverait une place de secrétaire, et il fallait savoir la sténo. J'ai essayé, mais comme tu me déconseillais cette place, j'ai lâché le cours. J'y ai été trois fois – par miracle! J'y ai rencontré une jeune fille, une jeune femme, plutôt . . . enfin, elle a trois ans de plus que moi . . . qui vivait grâce à la gentillesse d'un type de cinquante ans. Le type la considérait un peu comme sa fille. Il était veuf et il avait perdu une fille qui lui ressemblait. Toujours est-il qu'elle m'a ouvert son cœur, et c'était triste. Je l'ai revue. Je séchais les cours . . . Je préparais des dessins d'avance: cruches et pivoines . . . Je n'aurais jamais osé t'en ouvrir la bouche avant qu'elle ne se soit décidée, d'elle-même, à quitter ce pauvre type, à faire place nette, à repartir à zéro. Elle m'adore, maman, et je l'adore, et tu l'adoreras, et elle est libre, et notre roulotte a l'esprit large, et mon rêve est de vous conduire chez elle, toi, papa, Léo, dès demain. C'est ce soir qu'elle va dire la vérité au vieux. Il croyait qu'une sœur de province habitait chez elle, et il n'y venait plus. Il ne la rencontrait presque plus. Il avait loué une garçonnière. Bien sûr, il ne peut pas être question de jalousie – c'est moins grave qu'une femme mariée – seulement, à cause de toi, à cause de la maison, à cause de nous, je ne pouvais pas admettre un partage et une situation louche.

YVONNE, *faisant un effort surhumain pour parler.* Et cette personne . . . t'a aidé . . . je veux dire, tu n'as jamais un sou en poche. Elle a dû t'aider . . .

MICHEL On ne peut rien vous cacher, Sophie. Elle m'a aidé pour des repas, pour des cigarettes, pour des voitures ... (*Silence.*) Je suis heureux ... heureux! Sophie! tu es heureuse?

YVONNE, *elle se retourne d'un bloc. Michel est effrayé par sa figure.* Heureuse?

MICHEL, *reculant.* Oh!

YVONNE Alors, voilà ma récompense. Voilà pourquoi je t'ai porté, fait, dorloté, soigné, élevé, aimé jusqu'à l'absurde. Voilà pourquoi je me suis désintéressée de mon pauvre Georges. Pour qu'une vieille femme vienne te prendre, te voler à nous et te mêler à des mic-macs ignobles!

MICHEL Maman!

YVONNE ... Ignobles! et à te faire donner de l'argent. Je suppose que tu sais comment cela s'appelle?

MICHEL Maman, tu perds la tête. De quoi parles-tu? Madeleine est jeune ...

YVONNE Voilà le nom!

MICHEL Je ne comptais pas te le cacher.

YVONNE Et tu croyais qu'il suffirait de me prendre par le cou, de me flatter – on ne me flatte pas, moi! – pour que j'accepte avec le sourire que mon fils soit entretenu par l'amant d'une vieille femme à cheveux jaunes.

MICHEL Madeleine a les cheveux blonds. Tu tombes juste. Mais pas jaunes, et je te répète qu'elle a vingt-cinq ans. (*Criant.*) M'écouteras-tu? Et elle n'a aucun autre amant que moi ...

YVONNE, *le doigt tendu.* Ah! tu avoues ...

MICHEL Qu'est-ce que j'avoue? Il y a une heure que je te raconte les choses en détail.

YVONNE, *la figure dans les mains.* Je deviens folle!

MICHEL Calme-toi, couche-toi ...

YVONNE, *elle marche de long en large.* Me coucher! Je suis couchée depuis hier au soir comme un cadavre. Je n'aurais pas dû boire ce sucre. Tout serait fini. Je ne serais pas morte de honte!

MICHEL Tu parles de te suicider parce que j'aime une jeune fille!

YVONNE Mourir de honte est pire que le suicide. N'essaie pas de jouer au plus fin. Si tu aimais une jeune fille ... Si tu avais à m'exposer une intrigue nette, convenable, digne de toi et de nous, il est probable que je t'aurais écouté sans colère. Au lieu de cela, tu n'oses pas me regarder en face et tu me débites une histoire dégoûtante.

MICHEL Je te défends!

YVONNE Par exemple!

MICHEL, *dans un mouvement adorable.* Sophie ... Embrasse-moi.

YVONNE, *le repoussant.* Tu as plein de rouge à lèvres sur la figure ...

MICHEL C'est le tien!

YVONNE Je ne pourrais pas t'embrasser sans dégoût.

MICHEL Sophie ... Ce n'est pas vrai ...

YVONNE Je vais prendre, avec ton père, des dispositions pour t'enfermer, pour t'empêcher de voir cette femme, pour te défendre contre toi ... (*Michel balance sa chaise.*) Michel! Tu ne seras content que quand tu auras cassé cette chaise.

MICHEL Tu es une mère, Sophie, une vraie mère. Je te croyais un camarade. Me l'as-tu assez répété ...

YVONNE Je suis ta mère. Le meilleur camarade n'agirait pas autrement que moi. Et ... il y a longtemps que ce manège dure?

MICHEL Trois mois.

YVONNE Trois mois de mensonges ... de mensonges ignobles ...

MICHEL Je ne t'ai jamais menti, maman. Je me taisais.

YVONNE Trois mois de mensonges, de ruses, de calculs, de caresses hypocrites ...

MICHEL Je voulais te ménager ...

YVONNE Merci! Je ne suis pas de celles qu'on ménage. Je n'en ai aucun besoin. C'est toi qui es à plaindre.

MICHEL Moi?

YVONNE Oui, toi, toi ... Pauvre petit imbécile, tombé entre les griffes d'une femme plus vieille que toi, d'une femme qui ment certainement sur son âge ...

MICHEL Tu n'auras qu'à voir Madeleine ...

YVONNE Dieu m'en garde. Ta tante Léonie se donne bien trente ans! Tu ne connais pas les femmes.

MICHEL Je commence à les connaître . . .

YVONNE Je te fais grâce de tes grossièretés.

MICHEL Enfin, Sophie, pourquoi veux-tu que je cherche ailleurs ce que j'ai ici, mieux que tout le monde. Quelle excuse aurais-je à m'adresser à une femme de ton âge . . .

YVONNE, *se lève d'un bond.* Il m'insulte!

MICHELE, *stupéfait.* Moi?

YVONNE N'essaie pas de me tenir tête, mon bonhomme. J'ai peut-être l'air d'une vieille, mais je n'en ai que l'air. Je te materai.

MICHEL Mieux vaut le silence. On se laisse emporter, on gaffe, on se blesse . . .

YVONNE Trop commode! Non, non, non . . . Je parlerai. Chacun son tour. Et, moi vivante, jamais tu n'épouseras cette ordure.

MICHEL, *bondit.* Tu vas retirer ce mot.

YVONNE, *au visage de Michel.* Ordure! Ordure! Ordure!

Il lui empoigne les épaules. Elle glisse par terre, sur les genoux.

MICHEL Relève-toi, maman! maman!

YVONNE Il n'y a plus de maman. Il y a une vieille qui souffre et qui va crier, et qui ameutera l'immeuble. (*Coups sourds.*) Tiens, la voisine de Léonie nous entendait; elle cogne. Je l'aurai, mon scandale! Je l'aurai! (*Michel la rejette, l'écarte de ses vêtements auxquels elle s'accroche.*) Assassin! Assassin! Tu m'as tordu le poignet. Regarde tes yeux.

MICHEL, *criant.* Et les tiens.

YVONNE Ils me tueraient s'ils étaient des armes. Tu voudrais me tuer!

MICHEL Tu divagues . . .

YVONNE Assassin! Je t'empêcherai de sortir! Je te ferai arrêter! J'appellerai la police! Oh! la fenêtre! (*Elle veut se relever et courir côté public, Michel la maintient.*) J'ameuterai la rue! (*Elle hurle.*) Arrêtez-le, arrêtez-le!

MICHEL, *il appelle.* Ma tante! ma tante! Papa!

La porte de Léonie s'ouvre.

SCÈNE V

YVONNE, MICHEL, LÉO, GEORGES

LÉO, *elle enlace Yvonne.* Yvonne! Yvonne! (*Yvonne la frappe presque.*)
Veux-tu!...*

MICHEL De l'eau ...

*Il s'élance vers le cabinet de toilette, entre et sort avec un verre d'eau
inutile qu'il pose près du lit.*

YVONNE, *riant d'un rire stupide.* De l'eau sucrée! Il ne fallait pas la
prendre! Il ne fallait pas! Léo ... fiche-moi la paix, laisse-moi
ouvrir la fenêtre, laisse-moi crier ...

LÉO La voisine tape ...

YVONNE Je m'en moque ...

Georges apparaît porte au fond à gauche.

GEORGES Et moi je ne m'en moque pas. C'est la vingtième fois
que j'ai des ennuis à cause de notre tapage. On finira par nous
mettre à la porte.

YVONNE, *elle se lève et se laisse mener sur le lit.* A la porte ... Pas à
la porte ... Qu'est-ce que cela peut faire maintenant? Georges
... ton fils est un misérable. Il m'a insultée. Il m'a frappée ...

MICHEL Papa, c'est faux!

GEORGES, *à Michel.* Viens chez moi.

MICHEL, *à Yvonne.* Je parlerai à papa. Il y a des choses qu'on ne
devrait dire qu'entre hommes.

Il sort derrière son père et claque la porte.

SCÈNE VI

YVONNE, LÉO

YVONNE, *étouffant.* Léo! Léo! Léo! Écoute-le ...

LÉO Pour changer! La maison des portes qui claquent.

YVONNE Léo ... Tu écoutais à la porte ... Tu l'entendais ...

LÉO Je ne pouvais pas ne pas entendre. Je n'entendais pas tout.

YVONNE Léo, tu avais raison. Il aime. Il aime une dactylo, ou je ne sais quoi de ce genre. Il nous lâcherait pour elle. Il m'a jetée par terre. Il avait les yeux d'un monstre. Il ne m'aime plus.

LÉO Il n'y a aucun rapport.

YVONNE Si, Léo . . . Ce qu'on donne à l'un on l'enlève à l'autre. C'est forcé . . .

LÉO Un garçon de l'âge de Michel doit vivre et les mères doivent fermer les yeux sur certaines choses. Un garçon peut avoir une femme dans la peau. Je ne vois pas en quoi . . .

YVONNE Tu ne vois pas en quoi! Tu ne vois pas en quoi . . . Et nous, les mères, nous ne les avons pas eus dans la peau? Et ils ne nous ont pas jusque dans les veines? Je l'ai porté dans mon ventre et chassé de mon ventre, ma petite. Ce sont des choses dont tu ne te doutes même pas.

LÉO C'est possible. Mais il faut faire quelquefois un formidable effort sur soi-même.

YVONNE Tu as beau jeu. Y parviendrais-tu si tu étais en cause?

LÉO J'ai connu cet effort.

YVONNE Tout dépend des circonstances.

LÉO Les circonstances étaient assez épouvantables. Vous vivez dans la lune, c'est entendu, mais votre égoïsme, ton égoïsme, dépassent les bornes.

YVONNE Mon égoïsme?

LÉO Qu'est-ce que tu crois donc que je fais dans cette maison depuis vingt-trois ans? Pauvre aveugle . . . pauvre sourde. Je souffre. J'ai aimé Georges et je l'aime, et je l'aimerai sans doute jusqu'à la mort. (*Elle lui impose silence du geste.*) Quand il a rompu nos fiançailles sans le moindre motif, par caprice, et qu'il a décidé que c'était toi qu'il devait épouser, et qu'il m'a consultée avec une inconscience incroyable, j'ai fait semblant de prendre ce coup de massue à la légère. Me buter, c'était devenir malheureuse. T'éloigner, c'était le perdre. Et sottement je me suis sacrifiée. Oui, si incroyable que cela paraisse, j'étais jeune, éprise, mystique, idiote. J'ai cru qu'étant plus de sa race* tu serais une épouse, une mère meilleure quoi. Je mariais le désordre avec le désordre! Je me suis vouée, outre le legs de notre oncle que je pouvais vous servir de loin, à surveiller votre roulotte et à la rendre habitable. Que suis-je, depuis vingt-trois ans? Je te le demande? Une bonne!

YVONNE Léo, tu me hais!

LÉO Non. Je t'ai haïe . . . Pas au moment de la rupture. L'idée du sacrifice m'exaltait, me soutenait. Je t'ai haïe parce que tu aimais trop Michel et que tu délaissais Georges. J'ai quelquefois été injuste envers Michel, parce que je rendais sa présence responsable. C'est drôle . . . Je t'aurais peut-être détestée si vous aviez réussi à être un bon ménage . . . Non . . . j'ai pour toi un sentiment qui ne s'analyse pas et qui ressemble à une habitude du cœur. Tu n'es pas méchante, Yvonne. Tu n'es pas responsable. Tu n'es pas humaine et tu fais le mal sans t'en rendre compte. Et vous ne vous apercevez de rien. De rien. Vous traînez de chambre en chambre, de tache en tache, d'ombre en ombre, vous gémissez du moindre malaise, et vous vous moquez de moi s'il m'arrive de me plaindre de quoi que ce soit.

Tu te souviens de ce 'vomitif' que Michel a trouvé dans ma chambre et qui vous a tant fait rire, il y a six mois? Malgré ma santé bien connue, j'étais écœurée, malade. Je croyais digérer mal. C'était le foie. Je me faisais de la bile, comme on dit et comme on a raison de le dire. Et le foie se détraquait à cause des nerfs, et les nerfs à cause de Georges. Oui, je flairais un départ de collégien sur les pointes et je t'en voulais de ne rien deviner et de ne pas empêcher Georges de partir. Et je savais que Georges essayait d'attraper une fausse chance et n'y arrivait pas. Et quand Michel, sans s'en rendre compte – il est aussi aveugle, aussi égoïste que vous – a imité son père et a pris le large . . . je n'ai pu m'empêcher de te parler, de te mettre en garde . . .

YVONNE Pas par esprit de roulotte, Léo. Tu étais contente. Michel vengeait Georges.

LÉO Voilà ton inhumanité, ta méchanceté, tes coups de couteau par-derrière.

YVONNE Je ne vois pas si loin.

LÉO, *dressée, écarlate.* Tant mieux si Michel reçoit de l'argent de cette femme... Cela vous apprendra peut-être à ne pas laisser un homme dehors avec de quoi s'acheter un sucre d'orge! Tant mieux si Michel épouse une grue! Tant mieux si votre roulotte se renverse, se démantibule, et pourrit dans le fossé. Tant mieux! Je ne ferai pas un geste pour vous secourir. Pauvre Georges! Vingt-trois ans! Et la vie est longue, ma petite, longue... longue... longue... (*Elle sent que Georges entre dans son dos et elle enchaîne sans transition, d'une voix très féminine...*) et la veste courte... Et si tu ôtes la veste, tu es en robe décolletée et tu peux aller n'importe où le soir. (*Yvonne, d'abord stupéfaite, voit Georges.*)

SCÈNE VII

YVONNE, LÉO, GEORGES

GEORGES Vous pouvez parler robes. Vous avez de la chance.

YVONNE Qu'est-ce que tu as? Tu es vert.

GEORGES Je viens d'entendre Michel...

YVONNE Eh bien?

GEORGES Eh bien... Il regrette de t'avoir serré le poignet... il regrette vos cris... il aimerait te voir...

YVONNE C'est tout ce qu'il regrette!

GEORGES Yvonne... Il aimerait te voir... il a de la peine. Ne l'oblige pas à te demander pardon ou autre sottise. C'est assez grave... Je resterai près de Léo... Je voudrais que tu sois un peu seule avec Michel et dans sa chambre. Je t'en prie, Yvonne. Tu aiderais Michel et tu m'aiderais. Je suis mort de fatigue.

YVONNE J'espère que Michel n'a pas su t'entortiller, te convaincre.

GEORGES Écoute, Yvonne, je te le répète. Il ne s'agit pas de convaincre ou de ne pas convaincre. Cet enfant aime – ce n'est que trop certain. Ne lui parle de quoi que ce soit . . . ne l'interroge sur quoi que ce soit. Il est à plat ventre sur une pile de linge sale. Assieds-toi près de lui et donne-lui la main.

LÉO C'est la sagesse.

YVONNE, *à la porte.* J'irai, à une condition . . .

GEORGES, *d'une voix douce.* Vas-y . . . sans conditions . . .

Il l'embrasse et la pousse dehors, porte au fond à gauche.

SCÈNE VIII

LÉO, GEORGES

LÉO Georges, tu es défait . . . qu'y a-t-il?

GEORGES En vitesse . . . Léo . . . ils peuvent revenir d'un moment à l'autre.

LÉO Tu m'effraies . . .

GEORGES Il y a de quoi. Je viens de recevoir l'immeuble sur la tête.*

LÉO De quoi s'agit-il? De Michel?

GEORGES De Michel. C'est-à-dire qu'il n'existe aucun vaudeville, aucune pièce de Labiche* mieux agencés que ce drame.

LÉO Dépêche-toi. (*Silence.*) Georges! (*Elle le secoue.*) Georges!

GEORGES Ah! oui. Je ne savais plus où j'étais. Pardonne-moi. Léo, j'ai fait une folie et je la paie cher. Il y a six mois, je croyais avoir besoin d'une sténo-dactylo; on me donne une adresse. Je tombe chez une jeune personne de vingt-cinq ans, malheureuse, belle, simple, parfaite. Je me sentais très seul à la maison. Toi, tu cours à droite et à gauche. Yvonne ne songe qu'à Michel. Michel . . . enfin bref . . . Sous un faux nom, j'invente que je suis veuf . . . que j'avais une fille qui était morte . . . qu'elle lui ressemble . . .

LÉO Mon pauvre Georges . . . Comment t'en vouloir. Tu cherchais un peu d'air . . . Ici . . . on étouffe.

GEORGES J'invente, j'invente jusqu'à ne jamais lui ouvrir la bouche de mes marottes. Elle me dit qu'elle m'aime . . . que les jeunes sont des mufles, etc. . . ., etc. Au bout de trois mois, elle change d'attitude. Une sœur de province habite chez elle. Une sœur mariée, dévote, sévère. Je t'emprunte une assez grosse somme . . .

LÉO Je m'en doutais . . .

GEORGES A qui me confier, sinon à toi?* La somme qui devait servir à mon travail, sert à louer un rez-de-chaussée lugubre. La personne espace ses visites. Je me trouve empêtré dans des mensonges et dans un malaise noir. Tu devines le reste. La sœur était un jeune homme qu'elle aime. Et le jeune homme c'est Michel. Je viens de l'apprendre de sa propre bouche.

LÉO Se doute-t-il? . . .

GEORGES De rien. Il est en extase. Mon effondrement a été mis sur le même compte que celui de sa mère.

LÉO Et que te voulait-il?

GEORGES Madeleine – puisque Madeleine il y a – m'avait donné rendez-vous ce soir. Je viens d'être renseigné par Michel. C'était, comment dirais-je . . .

LÉO Pour te signifier ton congé . . .

GEORGES Et m'avouer tout, paraît-il. Avouer tout à Monsieur X . . . pour être libres, propres – dignes l'un de l'autre. J'en crèverai, Léo. Je suis fou d'elle.

LÉO Je ne sais pas si c'est un drame ou un vaudeville. De toute manière c'est un chef-d'œuvre.

GEORGES Un chef-d'œuvre de monstruosité. Comment un pareil hasard peut-il se produire dans une ville . . .

LÉO Je croyais qu'il n'y avait jamais de hasards. Vous autres qui aimez les miracles, les chefs-d'œuvre du sort, en voilà un de premier ordre. Ce n'est pas plus étrange qu'une série à la roulette, que de gagner à la loterie.

GEORGES J'ai gagné le gros lot.*

LÉO Tu as gagné l'envers du gros lot, mon pauvre Georges. Que ressens-tu en face de Michel?

GEORGES Une gêne atroce. Je ne lui en veux pas. Ce n'est pas sa faute.

LÉO Que comptes-tu faire?

GEORGES Je te le demande. Je me suis décommandé ce soir.

LÉO Je comprends maintenant pourquoi la roulotte gardait un faux air d'ordre. Lorsque l'un sortait, l'autre était là. Mon pauvre Georges.

GEORGES J'ai encaissé honte sur honte. Michel disait: le vieux. Il m'a avoué que Madeleine l'aidait.

LÉO Avec ton argent.

GEORGES Le tien . . .

LÉO Ici le sort s'amuse. Il vaut mieux que nos sous rentrent dans la poche de ton fils. Et, soyons justes, cela t'apprendra qu'on ne lâche pas un garçon de cet âge sans un centime, dans les rues de Paris.

GEORGES Je regrette mon ridicule. Il t'empêche de voir que j'ai mal.

LÉO, *lui prenant la main.* Mon Georges . . . Je t'aiderai.

GEORGES Comment?

LÉO Il est indispensable de frapper un coup dur, de te venger et de rendre ce mariage impossible. Michel veut que la roulotte aille, au grand complet, demain, chez la jeune femme. Il faut y aller.

GEORGES Tu es folle!

LÉO Je suis raisonnable.

GEORGES Yvonne n'acceptera jamais.

LÉO Elle acceptera.

GEORGES Et la scène – tu te représentes la scène. J'entre . . .

LÉO La petite avalerait sa langue plutôt que de révéler à Michel . . .

GEORGES En me voyant . . . elle risque de s'évanouir, de pousser un cri.

LÉO Je m'arrangerai. Frappe dur.

GEORGES Elle le mérite, Léo.

LÉO Romps le premier, et si elle refuse de rompre avec Michel, menace-la de dire tout.

GEORGES Es-tu le diable?

LÉO, *elle baisse les yeux.* Je t'aime beaucoup, Georges, et je veux protéger ta maison.

GEORGES Et Yvonne? Jamais, au grand jamais, elle ...

LÉO Tais-toi, Yvonne approche ...

GEORGES Tu as de grandes oreilles, Léo.

LÉO C'est pour mieux empêcher qu'on te dévore, mon enfant!
La porte au fond à gauche s'ouvre. Yvonne paraît.

SCÈNE IX
LÉO, GEORGES, YVONNE

GEORGES Eh bien?

YVONNE Nous n'avons pas prononcé une parole. Je lui serrais la main. Comme il gémissait et retirait sa main et avait l'air de vouloir rester seul, je suis sortie de sa chambre. Je suis brisée. Je flotte. Je voudrais dormir et je ne pourrais pas dormir.

Qu'allons-nous devenir? Il est évident que Michel n'est pas dans son état normal. Il est sous une influence néfaste qui le détraque.

LÉO Il faudrait la connaître, cette influence.

YVONNE Je ne la connais que trop.

LÉO Je veux dire ne pas buter Michel. Être habile ...

YVONNE Non, non. Il faut couper net.*

LÉO Tu espères empêcher ces enfants de se rejoindre ...

YVONNE Quels enfants?

LÉO Voyons, Yvonne! Michel et cette petite ...

YVONNE Mais, Léo, il n'y a pas l'ombre d'une petite. Il y a une femme qui couche avec l'un et avec l'autre ... une femme de Dieu sait quel âge, une sainte-nitouche que Mik voit à travers un prisme et dont il fait une sainte.

LÉO Raison de plus pour la lui montrer telle qu'elle est.

YVONNE Je compte sur Georges pour faire preuve de caractère une fois au moins, et pour trancher dans le vif.

GEORGES Trancher dans le vif est une phrase.

YVONNE Du reste, en admettant que cela ne soit pas des fables et que cette femme veuille vraiment quitter son . . . protecteur . . . pour risquer sa chance et qu'elle cherche à épouser Mik, il serait de ton devoir de décharger Mik d'une responsabilité qui est un enfantillage. Mik ne peut pas la priver de ce monsieur et la planter là.

LÉO Enfin, des choses qui ont un sens.

YVONNE Comment comptait-il la faire vivre?

GEORGES Il m'a dit qu'il en avait assez de ne rien faire; qu'il était décidé à travailler.

YVONNE Et à vivre à nos crochets, aux crochets de sa tante.

LÉO Mon peu d'argent est le vôtre . . .

YVONNE Ce n'est pas celui de cette femme. Je ne divague plus, j'y vois clair. Il est essentiel que Georges fasse une démarche, Léo! c'est son rôle . . .

GEORGES C'est facile à dire.

YVONNE Tu n'as qu'à être ferme et à lui *défendre* . . .

LÉO As-tu vu des ordres réussir auprès de gens qui s'aiment?

YVONNE, *elle hausse les épaules.* Mik n'aime pas cette fille. Il croit l'aimer. C'est sa première amourette. Il s'imagine être en face de l'amour idéal, éternel.

LÉO S'il l'imagine c'est comme s'il aimait.

YVONNE Pardon! cela deviendra des dessins, des promenades, des songes. Il guérira d'une idée fixe. Je connais mon Mik.

LÉO Tu le connaissais.

YVONNE Enfin, vous êtes incroyables! Voilà vingt-deux ans que je l'observe. Une Madame X . . . ne peut pas me le changer de fond en comble en trois mois.

GEORGES Pas en trois mois, Yvonne. En trois minutes. C'est justement le propre de l'amour.

YVONNE Ah! Si j'étais un homme, si je lui parlais, moi ... je trouverais ce qu'il faut dire.

LÉO C'est ce que Michel demande.

YVONNE Il n'espère tout de même pas que j'obéirai à ses ordres?

GEORGES Qui parle d'ordres? Pourquoi prendre une attitude tragique? Yvonne!

YVONNE Voyons, voyons, alors si je comprends bien ... vous prétendez, toi et Georges ...

GEORGES Je ne prétends rien ...

YVONNE Enfin, quoi, si vous envisagez comme possible que moi, j'accompagne Georges chez cette ... femme et que Léo ferme le cortège.

GEORGES Une reconnaissance, une simple reconnaissance chez l'ennemi.

YVONNE La roulotte au complet, la famille en bloc, une visite de jour de l'An.★

LÉO Tu n'y es pas du tout, Yvonne. Yvonne, peux-tu, toi, toi, envisager de vivre avec un Michel qui se taise, qui t'évite, ou qui te mente du matin au soir? Peux-tu envisager de vivre sans Michel? Peux-tu envisager que Michel quitte la maison?

YVONNE Tais-toi!

LÉO Idiote chérie ... sais-tu ce qui arriverait? Tu te laisserais aller à n'importe quelle bassesse, tu courrais à ses trousses, tu lui embrasserais les genoux, tu supplierais cette femme.

YVONNE Tais-toi! Tais-toi!

LÉO Alors qu'il serait si simple d'employer la ruse, de regagner Michel, de mériter sa reconnaissance, de ne pas considérer cette démarche sous l'angle bourgeois, mais sous votre angle à vous, Princes de Lune ... Ah! tu ne m'obliges plus à me taire.

YVONNE Ce serait tromper Mik. Ensuite, il ne nous en voudrait que davantage.

LÉO Le tromper pour son bien,★ Yvonne. Libre à toi de conclure ce mariage si tu te trouves en face d'une perle.

GEORGES Crois-moi, Yvonne, au premier abord on reçoit un

choc. J'ai réagi comme toi. Mais peu à peu, il devient clair que Léo ne nous propose pas une folie.

YVONNE, *arpentant la chambre.* Et puis, non! non! non! Je suis trop lâche, je me dégoûte, je ne mettrai pas les pieds chez cette femme.

LÉO, *près d'Yvonne, elle l'immobilise.** Autre chose, Yvonne. Notre pire souffrance n'est-elle pas de ne pouvoir imaginer l'endroit où ceux que nous aimons nous évitent? N'as-tu pas la curiosité de cet être chez lequel Mik te faisait du mal sans que tu puisses donner à ce mal aucune forme précise? N'as-tu pas la curiosité de toucher ton mal? Si un objet t'est volé, ne cherches-tu pas à te représenter où il se trouve?

YVONNE Chez cette voleuse . . .

LÉO Tu iras chez cette voleuse, Yvonne. Tu iras reprendre ton bien. Tu accompagneras Georges. Et je ne vous laisserai pas seuls.

> *Yvonne, la main sur les yeux, tombe sur le bord du lit, assise, et n'accepte que par sa pose, par son silence.*

GEORGES Je t'admire, Yvonne. Tu es toujours plus forte qu'on ne pourrait s'y attendre.

YVONNE Ou plus faible.

LÉO Tu te crois faible parce que le 'j'irai' ne te passe pas par la gorge.

YVONNE Si on m'avait dit, hier . . .

LÉO Ton courage, à toi, c'est de quitter ta chambre noire et d'aller au soleil.

YVONNE Tu appelles cela le soleil. Alors j'ai raison de préférer la nuit.

LÉO Soyez très, très prudents dans votre manière d'annoncer à Mik cette nouvelle; il peut flairer le piège.

GEORGES Léo, va le chercher . . . décide-le en lui annonçant une surprise.

LÉO Courage!. . .

> *Elle sort par le fond à gauche.*

SCÈNE X

GEORGES, YVONNE

YVONNE Quel cauchemar!

GEORGES A qui le dis-tu?

YVONNE Si je vais chez cette personne ... Je m'éloignerai avec
Léonie pendant que tu lui parleras.

GEORGES Je te promets de lui parler tête à tête.

YVONNE Ne m'oblige pas à lui parler, Georges, je m'emporterais
... Je n'ai aucune habitude de ce genre de femmes.

GEORGES Ni moi... A un certain âge les habitudes sont difficiles à
prendre.

> *La porte au fond à gauche s'ouvre. Léo pousse Michel par le dos
> dans la chambre. Il a ses vêtements et ses cheveux en désordre. L'air
> sur la défensive.*

SCÈNE XI

LÉO, GEORGES, MICHEL, YVONNE

LÉO Va...

GEORGES Entre, Michel.

MICHEL Que me veut-on?

GEORGES Ta mère va te le dire.

> *Michel entre et Léo referme la porte.*

YVONNE, *la tête basse, elle parle avec effort.* Mik, j'ai été dure et
j'ai mal répondu à ta franchise. Je le regrette. Ton père est très
bon. Il m'a parlé. Mik, mon chéri, nous ne te voulons pas le
moindre mal, tu le sais. Au contraire. C'est ton bien que je
cherche, et je déteste être injuste. Tu nous as demandé une chose
presque impossible.

MICHEL Mais...

GEORGES Laisse parler ta mère.

YVONNE Cette chose presque impossible, cette démarche que tu exiges de nous, Mik, nous avons décidé de te l'accorder. Nous irons chez ton amie.

MICHEL, *il saute jusqu'à sa mère.* Sophie! papa! Est-ce Dieu possible?

GEORGES Oui, Michel. Nous t'autorisons à prévenir demain de notre visite.

MICHEL Je rêve, pour sûr ... papa, comment te remercier? Maman ...

Il veut embrasser Yvonne.

YVONNE, *elle se détourne.* Ce n'est pas nous qu'il faut remercier, c'est ta tante.

MICHEL Toi, tante Léo!

Il court vers Léo, la prend dans ses bras, la soulève et la fait tourner à toute vitesse.

LÉO, *criant.* Tu m'étouffes! Quel ours! Mik! Je n'y suis pour rien. Ce n'est pas moi qu'il faut remercier. C'est la roulotte.

Rideau.

Acte II

Une grande pièce claire.
Au premier plan à gauche escalier en colimaçon qui mène à l'étage supérieur.
Au fond à gauche porte d'entrée. Au premier plan à droite porte de la salle de bains.
Au milieu, premier plan, divan et petite table.
Sur le mur du fond, planches couvertes de livres.
Le mur idéal est censé donner sur des arbres par une baie.
Beaucoup d'ordre.

SCÈNE I

MADELEINE, MICHEL

MADELEINE C'est in-cro-yable!

MICHEL Figure-toi que tout le monde dit 'in-cro-yable' à la maison. J'en arrive à imaginer qu'on le disait avant que je te connaisse et que je l'apporte. Maman serait folle si elle savait qu'elle t'imite.

MADELEINE Je ne vois pas ce que ma façon de prononcer ce mot a de spécial. Je le prononce comme tout le monde.

MICHEL Tu le prononces comme personne et à propos de bottes.★ C'est un tic que tu m'as passé et que je leur ai passé à tous. Maman, papa, tante Léo. Tous disent: c'est in-cro-yable!

MADELEINE Michel!

MICHEL Quoi?

MADELEINE La baignoire déborde.

42

MICHEL J'ai laissé le robinet ouvert. (*Il se précipite.*)

MADELEINE Et dépêche-toi. Ta mère ne croirait jamais que tu es venu prendre ton bain ici. Elle croirait que tu te moques d'elle, que tu veux avoir l'air d'être chez toi.

MICHEL C'est la faute de tante Léo. La baignoire est bouchée et la baignoire c'est son rayon. Tante Léo, c'est l'ordre. Vous êtes faites pour vous entendre.

MADELEINE Chez moi, la baignoire marche.

MICHEL Chez nous, on prend des tubs. De temps en temps Léo nous laisse en panne. Mais elle aime trop ses aises. Elle ne tient pas le coup.

MADELEINE Essuie-toi. Dépêche-toi.

MICHEL Que je puisse agacer maman en me baignant ici . . . ne me serait jamais venu à l'idée . . . et c'est vrai! Tu es comme tante Léo, une grande politique.

MADELEINE Tu as bien su observer ta tante . . .

MICHEL A force de vivre les uns sur les autres. Moi, je ne pense à rien.

MADELEINE C'est ta propreté que j'aime.

MICHEL Ça, c'est drôle!

MADELEINE A l'extérieur, tu n'es pas sale. Tu as la saleté des enfants. Des genoux d'enfant, ce n'est pas sale. A l'intérieur il n'existe personne au monde de plus propre que toi.

MICHEL Inculte et bête.

MADELEINE Et moi?

MICHEL Toi, tu es une savante, tu as lu les classiques.

MADELEINE Je les relie.

MICHEL Tu es mille fois trop intelligente pour moi. Sais-tu que tu arriveras à gagner de quoi vivre avec tes reliures. Je me ferai entretenir.*

MADELEINE Tu travailleras, mon vieux. Au besoin tu m'aideras et un jour nous ouvrirons une boutique.

MICHEL Et nous deviendrons riches. Eh bien, sais-tu? Quand nous posséderons une maison . . .

MADELEINE Un appartement, Michel. Pourquoi dis-tu toujours une maison?

MICHEL Chez nous on dit: maison. La maison. A la maison.

MADELEINE C'est in-cro-yable.

MICHEL Mais c'est comme ça. Écoute! Quand nous posséderons une maison, si tu m'empêches d'avoir du désordre, je te traînerai chez nous, dans la roulotte, et je te séquestrerai, je te forcerai à partager ma chambre, mon linge sale, et mes cravates dans le pot-à-eau.

MADELEINE Au bout de cinq minutes ta chambre serait en ordre.

MICHEL Tu es diabolique. Chez nous, l'atelier de reliure descendrait dans cette chambre, ou cette chambre monterait dans l'atelier de reliure. Les objets me suivent comme des chats. Comment fais-tu?

MADELEINE C'est l'ordre. On a le sens de l'ordre ou on ne l'a pas.

Michel retrouve ses chaussettes sous Madeleine.

MICHEL Regarde où je trouve mes chaussettes. Pourtant, je suis sûr de les avoir retirées dans la salle de bains.

MADELEINE Tu les as retirées dans le salon.

MICHEL, *il met ses chaussettes.* Le salon! Chez nous, tu ne pourrais même pas imaginer un salon. Les drames ont lieu dans la chambre de Sophie. Chambre du crime. Quand les disputes deviennent sérieuses, les voisins de tante Léo tapent contre le mur, on fait: pouce! et les armistices, les traités de paix, les silences orageux, se passent dans une espèce de salle à manger fantôme, de salle d'attente, de pièce vide où la femme de ménage revisse une table très laide, très lourde et très incommode.

MADELEINE Et ton père supporte . . .

MICHEL Oh! papa . . . papa, lui, il croit qu'il invente des merveilles. En réalité, il perfectionne le fusil sous-marin. Il cherche le fusil à balles. Je ne plaisante pas. Les classiques* de papa, c'est Jules Verne. Il a dix ans de moins que moi.

MADELEINE Et ta mère?

MICHEL Quand j'étais petit, je voulais épouser maman . . .* Papa me disait: tu es trop jeune. Et je répondais: 'J'attendrai d'avoir dix ans de plus qu'elle.'

MADELEINE Mon amour . . .

MICHEL Excuse-moi de te rebattre les oreilles avec la famille. Tu comprends, je n'osais pas te parler d'eux avant d'avouer tout.* Je te cachais là-bas, alors ici, j'étais gêné, emprunté, et comme je suis très bête, je préférais ne pas parler d'eux. Je me rattrape.

MADELEINE Tu es toujours guidé par de la délicatesse, et il était trop naturel de ne pas trahir ta roulotte chez nous, puisque tu ne trahissais pas notre secret dans ta roulotte.

MICHEL Sophie a été admirable, et papa, et tante Léo, tous. La scène a commencé par un drame.

MADELEINE Un drame?

MICHEL Maman voulait appeler la police, me faire arrêter.

MADELEINE, *stupéfaite*. La police? Pourquoi?

MICHEL Ah! ça, c'est le style de maman, le style de la chambre de maman . . .

MADELEINE C'est . . .

MICHEL *et* MADELEINE, *ensemble*. In-cro-yable!

MADELEINE, *riant*. A qui la faute, Michel?

MICHEL A moi. A toi. Je n'ai pas pu résister à passer la nuit chez toi. Et le lendemain . . . le lendemain . . .

MADELEINE, *l'imitant et lui ôtant le pied de sur un meuble*. Le lende-main . . . le lendemain, tu avais la frousse.

MICHEL Voui.

MADELEINE Je t'ai dit vingt fois de téléphoner.

MICHEL Reine des gaffeuses, ne dis pas cela devant Sophie.

MADELEINE Je te conseille de parler, tu gaffes comme tu respires.

MICHEL Exact.

MADELEINE Et c'est encore ce que j'aime, mon stupide. Tu n'es pas menteur.

MICHEL C'est trop compliqué.

MADELEINE Je hais le mensonge. Le moindre mensonge me rend malade. J'admets qu'on se taise ou qu'on s'arrange pour faire le moins de peine possible. Mais, le mensonge . . . le mensonge de luxe! . . . Je ne me place pas au point de vue de la morale, je suis très amorale. J'ai l'intuition que le mensonge fausse des méca-nismes★ qui nous dépassent, qu'il dérange des ondes, qu'il détraque tout.

MICHEL, *après avoir noué son soulier gauche.* – Mon soulier!

MADELEINE Cherche-le.

MICHEL Ça c'est incroyable. Il y a une minute . . .

MADELEINE Cherche!

MICHEL, *à quatre pattes* Tu sais où il est.

MADELEINE Je le vois pendant que je te parle. Il crève les yeux.

MICHEL, *il s'éloigne de la table au milieu de laquelle est son soulier.* – Je brûle?★

MADELEINE Tu gèles.

MICHEL Et tu veux que je me dépêche . . .

MADELEINE Grand politique!

Elle lui montre le soulier qu'elle soulève par un lacet.

MICHEL C'est trop fort! Maman l'aurait repêché dans mon lit.

MADELEINE Elle doit être adorable, ta mère. Quel dommage que je crève de peur.

MICHEL, *il se chausse.* Maman se croit laide et elle est plus belle que si elle était belle. Elle va se mettre sur son trente et un.★ Il est possible que tante Léo l'oblige à se maquiller et à sortir les fourrures de la penderie.

MADELEINE J'ai peur . . . j'ai peur . . .

MICHEL C'est eux qui ont peur. Et tante Léo nous dégèlera, elle est très forte.

MADELEINE Et vous vous déplacez toujours en bande?

MICHEL, *naïvement.* Jamais Sophie ne sort. Papa sort, tante Léo sort pour faire des courses. Elle est très prise à la maison. Moi je sors parce que je vous aime . . .

MADELEINE, *elle lui prend les mains.* Tu m'aimes?

MICHEL Regarde. (*Il se tourne.*) Je suis propre, prêt pour la 'demande en mariage' Oh!

MADELEINE, *inquiète.* Quoi?

MICHEL Je devais me faire couper les cheveux.

MADELEINE Lundi. Les coiffeurs sont fermés.

MICHEL Comment t'arranges-tu pour savoir tout?

MADELEINE Comment je m'arrange pour savoir que les coiffeurs sont fermés le lundi? . . .

MICHEL Non . . . (*Il l'embrasse.*) Pour savoir qu'on est lundi. Moi, je ne sais que c'est dimanche que parce que la femme de ménage ne vient pas et que j'aide à la cuisine.

MADELEINE On sent le dimanche à autre chose. Les gens sont libres. Il y a du désordre dans l'air, un désordre triste.

MICHEL Oh! Votre ordre et votre désordre!

MADELEINE Ils s'attendent à trouver de l'ordre ou du désordre?

MICHEL Ils s'attendent au pire. Ils croient venir chez une vieille femme à cheveux jaunes.

MADELEINE Je suis une vieille femme à cheveux jaunes. J'ai trois ans de plus que toi.

MICHEL Figure-toi que j'ai un pressentiment! Cette vieille femme va les étonner.

MADELEINE Touche du bois . . .

MICHEL, *il la prend dans ses bras.* Madeleine, tu ensorcellerais n'importe qui. Il n'y a qu'un seul point qui m'inquiète, qui me travaille.

MADELEINE Lequel?

MICHEL J'aurais voulu la chose faite, la place libre, la situation liquidée.

MADELEINE Le rendez-vous est remis à ce soir . . .

MICHEL Quelle malchance!

MADELEINE Demain tout sera en ordre . . .

MICHEL On dirait que tu es contente de voir ce rendez-vous reculé.

MADELEINE Oui, quand Georges m'a téléphoné, je n'ai pas insisté, j'ai été lâche.

MICHEL Papa aussi s'appelle Georges.

MADELEINE Tu devines ce que peut être pour moi le rendez-vous avec le premier Georges. Eh bien, il ne m'effraie presque pas à côté du rendez-vous avec le second.

MICHEL Tu ne l'aimes pas!

MADELEINE Si, Michel.

MICHEL Tu l'aimes?

MADELEINE Le cœur n'est pas si simple, Michel. Je n'aime que toi, mais j'aime Georges.

MICHEL Ça, par exemple!

MADELEINE Si je ne l'aimais pas, Michel, je ne serais pas digne de t'aimer. D'abord je ne t'aurais pas connu. Je serais morte. Il m'a rencontrée au bord du suicide.

MICHEL Que tu aies de la reconnaissance . . .

MADELEINE Non, Michel. C'est plus que de la reconnaissance.

MICHEL Je ne comprends plus.

MADELEINE Il faut comprendre, mon chéri. Beaucoup d'hommes m'ont proposé ce que Georges m'a offert. J'ai refusé. Si j'ai accepté son offre, c'est que je l'aimais . . .

MICHEL Tu ne me connaissais pas.

MADELEINE Cher petit égoïste. Je ne l'aimais pas assez pour ne pas attendre l'amour. Et avec toi j'ai rencontré l'amour. Je l'aimais assez pour le lui cacher, pour traîner, pour accepter qu'il m'aide. Je l'aime assez pour être malade d'avoir à lui tirer ce coup de revolver à bout portant.

MICHEL C'est in-cro-yable.

MADELEINE Écoute, Michel, sois juste. Tâche de te mettre à sa place. Je suis tout pour lui. Il est veuf. Il a perdu sa fille. Je lui ressemble. C'est son arrêt de mort que tu me demandes. Il me croit incapable de mentir . . .

MICHEL Mais garde-le, garde-le. Pouce! Je préviendrai la famille. Rien de plus facile . . .

MADELEINE Ne sois pas absurde. Est-ce que je te refuse cette démarche? Je la fais parce que quand on aime comme je t'aime, on passe par-dessus tout, on assassine, on égorge. C'est décidé. On n'en parle plus.

MICHEL Si je t'en parle...

MADELEINE Je ne te parlais pas de lui. Il t'ignore. C'était mille fois mieux.

MICHEL Regarde... maman... si c'était nécessaire je n'hésiterais pas...

MADELEINE Tu hésiterais. Et tu aurais raison. Et c'est pourquoi je t'adore. Et puis, Michel, ce n'est pas pareil. Ta mère a ton père, ta tante.

MICHEL Elle n'a que moi.

MADELEINE Alors, elle me hait.

MICHEL On ne peut pas te haïr, mon amour; maman t'aimera quand elle comprendra que tu es moi-même, que nous ne formons qu'une seule personne.

MADELEINE Tu n'aurais pas dû lui parler de l'autre...

MICHEL Sophie m'a tellement répété qu'elle était un camarade, que je n'avais rien à lui cacher.

MADELEINE Tu lui avais caché notre amour.

MICHEL C'est parce que cet autre me gênait, me mettait mal à l'aise et que je savais qu'il traîne à la maison une foule de préjugés, de phrases conventionnelles, de scènes de famille. Je voulais te montrer libre, courageuse, sans rien de louche entre nous. J'ai débité notre histoire d'une traite.

MADELEINE Tu as bien fait. C'est moi qui suis stupide. Du moment qu'on parle, il faut tout dire.

MICHEL C'est ce qui te donnera du courage demain.

MADELEINE N'en parlons plus, je te le demande. Puisque Georges il y a, admets que j'avais pour Georges la tendresse que j'aurais pour ton père, que j'aurai pour ton père.

MICHEL Mais...

MADELEINE Chut.

MICHEL Tu m'en veux?

MADELEINE Je t'en voudrais de ne pas être jaloux. Je t'en voudrais d'être jaloux. Je t'en voudrais de ne pas t'être mis en colère. Je t'en voudrais de ne pas t'en vouloir de t'être mis en colère.

MICHEL Ils sont d'une bonté inimaginable. Cette visite le prouve.

MADELEINE Cette visite m'effraie. Elle est trop simple, trop belle. Tu m'as dit que ta mère ne voulait pas en entendre parler. Une minute après, elle se décide. Ce changement m'effraie.

MICHEL Ils se fâchent, ils crient, ils claquent les portes ... mais tante Léo les calme et ils l'écoutent. Sophie est comme ça. Tout est en coups de tête. Elle dit: Non, mon bonhomme, jamais. Elle s'enferme ... Je boude ... elle arrive, elle m'embrasse et elle dit: Oui, Mik. Je l'embrasse et on n'en parle plus.

MADELEINE Je n'arrive pas à me raisonner.

MICHEL Je te le répète: Tante Léo c'est l'ange gardien de la roulotte. Elle est très belle, très élégante, très droite. Elle critique notre désordre, mais, au fond, elle ne pourrait pas se passer de lui.

On sonne.

MADELEINE On sonne. Les voilà. Je me sauve. Je grimpe là-haut.

MICHEL Ne me laisse pas seul.

MADELEINE Tu viendras me chercher.

MICHEL Madeleine!

MADELEINE Si! si! si!

Elle monte le petit escalier pendant que Michel quitte la scène pour aller ouvrir.

SCÈNE II

MICHEL, LÉO

On entend que Michel ouvre, dit: 'C'est toi, tante Léo! Tu es seule!'
Et Léo pénètre sur scène, porte au fond, avec Michel.

MICHEL Il n'y a rien de changé? Ils viennent?

LÉO Ils viennent . . . rassure-toi. Je me suis arrangée pour être très en avance.

MICHEL Tu es bonne.

LÉO, *regardant autour d'elle.* Quel ordre!

MICHEL, *riant.* C'est moi, tu me reconnais. C'est *mon* ordre.

LÉO J'en doute. Où est ton amie?

MICHEL Dans son atelier de reliure, là-haut.

Il montre l'escalier.

LÉO, *regardant vers la salle.* Vous donnez sur les jardins. Voilà ce qu'il faudrait à ta mère qui vit dans sa chambre, au lieu d'un immeuble et de l'éclairage sinistre des gens d'en face.

MICHEL Ne dis pas du mal de la roulotte.

LÉO Une roulotte se traîne n'importe où.

MICHEL Moi je donne sur une cour et j'aime ma cour.

LÉO Appelle ton amie.

MICHEL, *il appelle.* Madeleine! . . . Inutile, de là-haut, on n'entend rien.

LÉO C'est une chance.

MICHEL Pourquoi?

LÉO Ton père est indulgent, lucide, calme. Il doit parler seul avec ton amie. Il est inutile que ta mère écoute et intervienne. Quand nous descendrons, tout sera fait.

MICHEL Ange! (*Il embrasse sa tante.*) Je te la ramène.

Il monte quatre à quatre.★ *Seule, Léo s'approche de la salle de bains, ouvre la porte et la referme. Elle remonte au fond et regarde les titres des livres. Madeleine, poussée par Michel, apparaît au haut de l'escalier. Elle descend lentement, Michel la tenant par les épaules.*

SCÈNE III

LÉO, MICHEL, MADELEINE

LÉO Bonjour, Mademoiselle.

MICHEL Je te dis qu'elle est seule. Tu ne vas pas avoir peur de tante Léo, c'est l'avant-garde!

MADELEINE Madame . . .

Léo lui tend la main, Madeleine la serre.

LÉO Vous êtes très jolie, Mademoiselle.

MADELEINE Oh! Madame . . . Michel avait raison.

MICHEL Je lui avais raconté que tu étais bossue, boiteuse, que tu louchais . . .

MADELEINE Il ne parle que de votre beauté, de votre élégance.

LÉO De mon 'ordre'! Je ne suis pas la seule.

MADELEINE Le désordre me terrorise.

LÉO Je vous félicite si vous arrivez à quelque chose avec celui de Michel.

MADELEINE Il y a du progrès.

MICHEL Et je retrouve mes souliers sur la table. J'étais sûr que son ordre t'étonnerait. Tu es étonnée?

LÉO, *souriant.* Oui.

MICHEL Et Sophie, et papa, ils suivent?

LÉO Je leur ai donné rendez-vous ici. Ta mère n'était pas contente. Mais je déteste les arrivées en masse. J'ai prétexté une course. Je ne vous cache pas que je voulais arriver la première et préparer le terrain.

MICHEL Tu vois, Madeleine, tante Léo est une merveille.

LÉO Me voilà votre complice. (*Montrant l'escalier.*) Votre atelier de reliure arrange tout. Je craignais que vous n'ayez qu'une seule pièce.

MADELEINE C'est une ancienne mansarde, deux mansardes, je suppose, transformées et réunies à cette pièce par un escalier de bateau.

LÉO Et, de vos mansardes, on n'entend rien de ce qui se passe en bas?

MICHEL Tu n'as pas entendu que je t'appelais ...

MADELEINE Non.

LÉO C'est d'une importance énorme. Ils n'arriveront pas avant un quart d'heure. Il faut essayer. Tu connais ta mère ...

MICHEL Tante Léo prévoit tout.

MADELEINE C'est facile de se rendre compte.

LÉO, *à Madeleine.* Nous monterons ensemble. Michel se promènera et criera ce qu'il veut. Je t'autorise même à claquer les portes.

MICHEL Mon rêve!

LÉO Conduisez-moi! (*Madeleine monte, suivie de Léo. Avant de disparaître Léo se retourne et pardessus la rampe.*) Et crie, crie à tue-tête, et marche fort. Comme ton amie et ton père ont des timbres de voix très doux, nous ne courrons plus aucun risque.

Elle disparaît.

SCÈNE IV
MICHEL, *seul*

MICHEL. *Il prend n'importe quel livre, l'ouvre et lit à tue-tête, en courant de droite et de gauche.*

'Caché près de ces lieux, je vous verrai, Madame.

'Renfermez votre amour dans le fond de votre âme,

'Vous n'aurez point pour moi de langages secrets;

'J'entendrai des regards que vous croirez muets.'* (*Il s'arrête, criant.*) Vous m'entendez? (*Léo apparaît en haut des marches.*) Vous m'entendiez?

53

SCÈNE V

LÉO, MICHEL, *puis* MADELEINE

LÉO Non. Est-ce que tu parlais fort?

MICHEL Comme à la Comédie-Française.

LÉO Qu'est-ce que tu criais?

MICHEL BRITANNICUS.

LÉO Écoute, Michel! C'est le contraire d'une chose à crier. (*Elle descend.*) S'il te fallait un livre, tu n'avais qu'à prendre LORENZACCIO.*

MICHEL Connais pas.

LÉO, *elle prend un livre et le parcourt.* Monte. J'essayerai, moi. Je ne serai tranquille que si je suis certaine qu'Yvonne ne se mêlera pas des explications de Georges et de ton amie. Tu y es? (*Silence. La lecture de* Lorenzaccio *doit être d'une grande violence et très juste.*) 'A l'assassin! On me tue! On me coupe la gorge! . . . Meurs! Meurs! Meurs! – Frappe donc du pied. (*Elle frappe du pied.*) A moi, mes archers! Au secours! On me tue! Lorenzo de l'Enfer! – Meurs, infâme! Je te saignerai, pourceau, je te saignerai! au cœur! au cœur! il est éventré. – Crie donc, frappe donc, tue donc! Ouvre-lui les entrailles! (*Michel, sur la pointe des pieds, descend quelques marches et passe la tête par-dessus la rampe.*) Coupons-le par morceaux et mangeons! mangeons!'

Elle s'arrête.

MICHEL Bravo!

LÉO Michel! Tu n'étais pas dans l'atelier?

MICHEL Si. Je n'entendais rien, je voulais t'entendre crier.

LÉO Tu en as l'habitude.

MICHEL T'entendre crier ici, ce n'est pas pareil. Mais, tante Léo, tu ferais une actrice admirable! Tu aurais pu être actrice.

Lui et Madeleine descendent.

MADELEINE Vous étiez superbe. Et, moi, je ne vous voyais pas.

LÉO Ta mère aussi est assez bonne comédienne, quand elle veut. Entre nous, je crois que notre grand-mère était chanteuse et que, quand grand-père l'a épousée, il lui a demandé de quitter le théâtre. Mais, ce sont des choses dont on ne parle pas en famille, ou bien, si quelqu'un en parle, tout le monde fourre son nez dans son assiette. (*Sonnette.*) Cette fois, ce sont eux.

LÉO, *à Madeleine.* Montez vite. Il ne faut, à aucun prix, que je vous aie vue avant que ma sœur vous voie. Je ne vous connais pas. Je viens d'arriver. (*Pendant que Madeleine monte les marches.*) Et c'est toi, Michel, qui as refusé de me montrer ton amie. Va, va. Ta mère d'abord.

On sonne une deuxième fois.

SCÈNE VI

LÉO, MICHEL, GEORGES, YVONNE

On entend d'abord, dans le vestibule.

VOIX DE GEORGES Je croyais m'être trompé d'étage.

VOIX D'YVONNE Il n'y a pas de domestique?

VOIX DE MICHEL Pas plus qu'à la maison. (*Il entre, les précédant.*) Tante Léo, tu avais entendu la sonnette?

Ils entrent.

YVONNE Léo est là?

LÉO J'arrive. J'ai sonné trois fois. J'aurais pu vous rencontrer devant la porte.

YVONNE Il y a longtemps que tu es arrivée?

LÉO Je te répète que j'arrive. Michel?

MICHEL Tante Léo croyait être en retard et vous trouver ici.

YVONNE Vous êtes . . . seuls?

MICHEL Madeleine est en haut, dans un petit atelier de reliure.

LÉO Michel n'aurait jamais voulu me la montrer avant de te la montrer à toi . . . de vous la montrer à vous.

MICHEL Là-haut on n'entend pas sonner, on n'entend rien. Il y a une demi-heure qu'elle se cache.

YVONNE Elle se cache?

MICHEL Enfin . . . Elle a peur de la famille.

YVONNE Nous ne sommes pas des ogres.

MICHEL Tu es toute pâle, Sophie. Il est bien naturel que Madeleine ait le trac.

LÉO Je la comprends.

YVONNE Quel luxe!

MICHEL C'est propre.

LÉO La propreté, c'est le luxe. Je disais à Michel . . .

YVONNE Ce n'est pas précisément ton genre.

MICHEL Patience! Je viens très peu. Si j'habitais chez Madeleine ou si j'y venais davantage, je gagnerais la partie.

LÉO J'en doute . . .

GEORGES Michel, tu dois prévenir de notre arrivée?

MICHEL Oui . . . Oh! papa, que tu es guindé. Sophie, assieds-toi . . . asseyez-vous. Prenez l'air naturel. Tante Léo, installe-les . . . Fais la maîtresse de maison. La pauvre Madeleine en est incapable. Si vous ne l'aidez pas, elle restera comme une borne et vous la croirez poseuse.

GEORGES Je me demande, mon petit, si tu mesures la gravité de cette visite. On ne le dirait pas.

LÉO Il essaie de rompre la glace.

MICHEL J'en pleurerais.

YVONNE Allons, allons. Georges est ému, Léo, très ému. C'est à ces minutes-là qu'on devient père, mère, fils. On ne traite plus ces choses par-dessous la jambe.

LÉO En tout cas, il vaut mieux ne pas redevenir des père et mère conventionnels, sous prétexte que les événements cessent de l'être. Je trouve Michel très courageux et très gentil. Va chercher la petite.

YVONNE, *entre les dents*. Si petite il y a.

MICHEL, *au pied de l'escalier*. Ma vie est en jeu. Une dernière fois, je vous demande d'aider Madeleine, de ne pas la recevoir avec une douche froide.

YVONNE Nous ne sommes pas venus dans cette intention.

MICHEL Ma Sophie! Papa! Léo! Il ne faut pas m'en vouloir. J'ai les nerfs en pelote.*

LÉO Qui songe à t'en vouloir! Nous sommes tous plus intimidés les uns que les autres et nous prenons des attitudes. Elles ne tarderont pas à fondre. Allez, hop!

MICHEL J'y vais.

Il monte.

SCÈNE VII

YVONNE, LÉO, GEORGES

YVONNE, *à Georges.* Tu as l'air encore plus malade que moi.

GEORGES Asseyez-vous, mes enfants. Moi je reste debout, derrière Yvonne.

Groupe.

SCÈNE VIII

YVONNE, LÉO, GEORGES, MADELEINE, MICHEL

MICHEL, *de dos, il descend.* Souriez!

Il démasque Madeleine. Elle commence à descendre sans rien voir.

MADELEINE, *en bas de l'escalier.* Madame ...

Yvonne se lève et s'avance vers elle. Georges reste planté seul, à l'extrême droite, derrière Léo.

MICHEL C'est maman ...

Petit silence.

YVONNE Vous êtes ravissante, Mademoiselle. On vous prendrait pour une petite fille. Quel âge avez-vous?

MADELEINE J'ai vingt-cinq ans. C'est vous, Madame, qui ...

(*Elle vient d'apercevoir Georges. Sa voix s'étrangle. Elle se précipite*

57

de son côté.) Dieu! Excusez-moi. Qui vous a fait entrer? (*Elle se retourne vers les femmes, hagarde.*) Ce Monsieur . . .

MICHEL, *riant et s'approchant.* C'est papa, ce Monsieur. Papa, je te présente Madeleine.

MADELEINE, *elle recule.* Ton père! . . .

MICHEL Là! Encore une. Personne ne veut jamais croire que papa est d'âge à être papa. Si nous sortions ensemble on nous prendrait pour deux copains.

LÉO Présente-moi.

MICHEL Je ne sais plus ce que je fais. Madeleine . . . (*Il lui prend la main.*) Que tu as froid! . . . Tâte sa main, Léo!

    Léo prend la main de Madeleine

LÉO Elle a les mains glacées. (*A Madeleine.*) Sommes-nous donc si terribles?

MICHEL Serre la main de Léo.

MADELEINE, *sans timbre.* Madame . . .

LÉO Une vieille demoiselle. Une vieille demoiselle qui cessera vite de vous intimider.

MICHEL La famille au grand complet. Tu vois que ce n'était pas la mer à boire.★ (*Madeleine tombe sur le divan.*) Tu te trouves mal?

MADELEINE Non . . . Michel, non.

YVONNE Restez assise, surtout. (*Madeleine essaie de se relever.*) Léo, empêche-la. Michel veut nous montrer comme on a bien arrangé les mansardes.

MICHEL Mais . . .

YVONNE Nous te suivons, Léo et moi.

GEORGES, *mouvement.* Je pourrais . . .

YVONNE Reste.

MICHEL Il y a un thermos plein de thé bouillant et trois tasses. Et du sucre! Et du lait concentré! Nous savons recevoir.

    Yvonne traverse et met le pied sur la première marche. Léo la suit.
    Michel embrasse Madeleine et s'apprête à les rejoindre.

MADELEINE, *se dressant.* Tu me laisses seule?

MICHEL Pas seule! avec papa.

MADELEINE C'est impossible. Ne me laisse pas seule. Écoute, Michel . . .

YVONNE Michel!

MADELEINE Madame . . . Mesdames, je vais monter avec vous. Je dois servir le thé.

YVONNE Nous nous débrouillerons. Michel nous aidera. Je suis curieuse de voir s'il restera trois tasses tout à l'heure.

MICHEL Il y en avait six. Je n'en ai cassé que trois!

GEORGES, *d'où il est.* Restez, Mademoiselle. J'ai promis à Michel de vous parler, et à ma femme, comme elle est beaucoup plus nerveuse que moi, de vous parler tête à tête. Bien que Michel me trouve l'air jeune, je suis un vieux monsieur par rapport à vous. N'ayez aucune crainte.

YVONNE, *du haut des marches où les deux autres s'engagent.* Dépêchez-vous et faites-nous signe.

MADELEINE Madame, un instant. Votre sœur pourrait peut-être rester avec nous. Une femme . . .

YVONNE Ma chère enfant. Laissez-nous prendre le thé. Je trouve ridicule que les femmes s'occupent de certaines choses. D'autre part, vous avez entendu ce que Michel vous a dit de son père? C'est un camarade de Michel qui vous parlera . . . un camarade très bon et très accommodant. Beaucoup plus que moi.

MICHEL Ils ne nous veulent aucun mal, Madeleine, au contraire. Veux-tu que je te descende une tasse de thé?

LÉO Elle prendra son thé après.

Elle pousse Yvonne et toutes deux disparaissent suivies de Michel.

MICHEL Fais la conquête de papa. Ne vous sauvez pas ensemble.

Il envoie un baiser sur deux doigts et claque la porte invisible.

SCÈNE IX
GEORGES, MADELEINE

GEORGES Et voilà.

MADELEINE C'est une monstruosité.

GEORGES Exact. C'est une monstruosité. C'est in-cro-yable, mais c'est comme ça. C'est même un chef-d'œuvre. Hé, oui. (*Il s'approche de la bibliothèque et frappe le dos des livres.*) Tous ces Messieurs, qui ont écrit des chefs-d'œuvre, les ont écrits autour d'une petite monstruosité du même modèle. C'est pourquoi ces livres nous intéressent. Il existe, cependant, une différence. Je ne suis pas un héros de tragédie. Je suis un héros de comédie. Ces choses-là plaisent beaucoup, amusent beaucoup. C'est l'habitude. Un aveugle fait pleurer mais un sourd fait rire. Mon rôle fait rire. Pense donc! Un homme trompé, c'est déjà risible. Un homme de mon âge trompé par un jeune homme, c'est encore bien plus risible. Mais si cet homme est trompé par son fils, le rire éclate! C'est un chef-d'œuvre de fou rire. Une farce, une bonne farce. La meilleure de toutes les farces. S'il ne se produisait pas de situations analogues, il n'y aurait pas de pièces. Nous sommes des personnages classiques. Tu n'es pas fière? A ta place, je le serais.

MADELEINE Georges!

GEORGES Ils ne peuvent pas nous entendre, de l'atelier?

MADELEINE Tu ... Vous savez bien que non.

GEORGES Tu me dis vous.

MADELEINE Il me serait impossible de vous tutoyer. Pardonnez-moi.

GEORGES A ton aise. Et moi qui demande s'ils peuvent nous entendre de là-haut: tu m'as enfermé là-haut les deux premières fois que ta sœur venait te rendre visite. C'était Michel?

MADELEINE Oui.

GEORGES C'est admirable. Et après tu as trouvé plus pratique de me faire louer un pied-à-terre. Pourquoi continuais-tu? Pourquoi mentais-tu? Il fallait vivre. Tu aidais Michel?

MADELEINE Oh! Georges. Michel est un enfant. Il était plus pauvre que moi. Je lui payais des cigarettes, des repas.

GEORGES Ici nous rentrons dans le convenable.* C'est moi qui payais.

MADELEINE Je gagne assez, avec mes reliures, pour me débrouiller seule.

GEORGES J'aime mieux penser que cet argent lui venait de moi. Il me semblait que le mensonge te rendait folle. Pourquoi mentais-tu?

MADELEINE Vous ne me croiriez pas, c'est inutile.

GEORGES Toi, toi, une menteuse, toi!

MADELEINE. Et vous, pourquoi m'avoir menti? Vous avez été prudent. Quelle confiance vous aviez en moi!

GEORGES J'étouffais chez moi. Je me sentais seul, dans le vide. J'en ai souffert. J'ai voulu en jouir. J'ai voulu que cette solitude devienne une chance. Qu'elle soit vraie. J'ai triché. J'ai inventé une fable. J'ai poussé le scrupule jusqu'à ne pas te parler de mes marottes. Quand j'étais chez toi, chez nous, j'étais seul au monde, libre, j'oubliais même Michel. Je ne confondais jamais mes deux vies. C'est te dire le coup que m'a porté Michel, hier, en m'apprenant la vérité.

MADELEINE Si tu m'avais dit ton vrai nom . . .

GEORGES Tu n'en aurais pas moins rencontré Michel.

MADELEINE Je l'aurais évité.

GEORGES Allons donc! Tout au plus devancé notre rupture. Au lieu de recevoir mon congé hier ou aujourd'hui, je le recevais il y a trois mois. Pourquoi n'as-tu pas eu cette franchise?

MADELEINE Vous ne me croiriez pas, je vous le répète . . .

GEORGES C'est facile. La combinaison t'arrangeait. Un vieux, un jeune . . .

MADELEINE Ah! Georges. N'ajoutez pas de saletés au gâchis où nous sommes. Je vous mentais parce que je vous aimais, parce que je vous aime . . .

GEORGES In-cro-yable.

MADELEINE Oui, Georges, j'ai pour vous une tendresse immense.

GEORGES Naturellement!

MADELEINE Laissez-moi parler: que vous le vouliez ou non, je vous ai donné ce que je croyais ma mesure. Vous me parliez d'une fille morte. Vous étiez bon. Vous ne ressemblez pas aux autres hommes. J'étais une loque, une noyée ou presque. Je me suis accrochée à vous. Je me suis attachée à vous de tout mon cœur.

GEORGES Je ne vois qu'une chose! M'aimais-tu? Je t'aimais, moi, je t'adorais, moi, et je te demandais mille fois: m'aimes-tu? et j'ajoutais: c'est impossible, et tu me répondais: 'Mais non, Georges ... Je t'aime.' Est-ce exact?

MADELEINE Georges, il y a des réserves qu'on n'exprime pas, qui se devinent. Il m'arrivait de répondre à vos questions: 'Je t'aime beaucoup.' Vous vous mettiez en colère, vous me suppliiez, vous me harceliez; de guerre lasse,* je vous disais: 'Mais oui, Georges, je t'aime. Je t'aime tout court.'

GEORGES Il ne fallait pas me le dire.

MADELEINE Ces derniers mois, quel cauchemar! J'ai tenté l'impossible pour vous ouvrir les yeux. Vous ne vouliez rien voir, rien entendre.

GEORGES Je me rongeais.

MADELEINE Vous vous obstiniez dans votre attitude. Contre toute sagesse, contre toute gentillesse, vous ...

GEORGES Il était trop tard, petite malheureuse! Si tu m'avais dit à temps: 'Je ne t'aime pas. J'essayerai. Tu dois attendre.' Mais tu m'as engagé à fond. Tu m'as laissé m'enfoncer, me prendre; tu m'as traîné, lanterné, jusqu'à ce que l'amour te tombe du ciel. Et comme je te dérangeais ...

MADELEINE C'est faux. Je ne pouvais me résoudre à vous causer la moindre peine. Avant que je sache, cette rupture me torturait. Je l'ai dit à Michel. Je ne pouvais pas lui donner une plus grande preuve d'amour.

GEORGES, *en face de son visage.* Aimes-tu Michel?

MADELEINE Au compte de qui m'interrogez-vous? A son compte ou au vôtre?

GEORGES C'est son père qui te parle.

MADELEINE Je l'aime. Il est à moi. Michel c'est moi. Je ne peux plus m'imaginer sans Michel. La malchance rend très humble. Si je vous ai donné le change, c'est que j'étais sincère. Je me croyais indigne de posséder plus. Je n'espérais pas d'amour. Pas davantage d'amour que le nôtre. Il fallait que Michel arrive pour que je comprenne que l'amour ce n'est pas pareil et que j'avais le droit d'être heureuse. Une chance aussi *incroyable*, Georges, je ne la rêvais pas.

GEORGES Et Michel t'aime?

MADELEINE Il en donne la preuve. S'il savait, s'il apprenait la vérité, il vous haïrait, il me tuerait et il en mourrait.

GEORGES Il n'est pas question qu'il l'apprenne.

MADELEINE Vous êtes bon, Georges. Je savais bien, qu'après le premier choc, je n'aurais plus à plaider ma cause et que le bonheur de Michel passerait avant tout.

GEORGES Le bonheur de Michel . . .*

MADELEINE Ma vie entière ne sera pas assez longue pour vous témoigner ma gratitude.

GEORGES Alors, tu t'imagines, purement et simplement, que je te donnerai Michel?

MADELEINE Quoi?

GEORGES Tu t'imagines que je vais te laisser Michel?

MADELEINE Vous plaisantez . . . M'enlever Michel?

GEORGE Tout de suite.

MADELEINE Hein?

GEORGES Qu'espérais-tu donc? Que j'allais m'incliner, me retirer, pousser Michel dans tes bras et supporter le reste de ma vie le spectacle de ton triomphe?

MADELEINE Vous êtes fou. Il s'agit de votre fils. Du bonheur de votre fils. Du bonheur de Michel.

GEORGES Quel bonheur établir sur une femme qui trompe? Je te le demande. S'il y en a deux, pourquoi n'y en aurait-il pas un troisième? Puisque tu trompais l'un, qui me prouve que tu ne tromperais pas l'autre? si ce n'est déjà chose faite.

MADELEINE Georges! Georges! Vous ne pensez pas ce que vous dites. Vous ne le pensez pas.

GEORGES A vrai dire, non. Je ne le pense pas.

MADELEINE J'en étais sûre.

Elle lui embrasse la main.

GEORGES Eh bien, Madeleine, eh bien, puisque ce troisième n'existe pas . . . que j'en ai la certitude . . . il faut l'inventer.

MADELEINE L'inventer?

GEORGES Il faut inventer un jeune homme de ton âge. Un peu plus âgé que Michel, que tu lui cachais parce que tu en avais honte, qui te tient par la peau et qui espérait te marier, te mettre à l'aise.

MADELEINE Vous vous moquez de moi, Georges? Vous m'éprouvez?

GEORGES Je n'ai jamais été aussi sérieux.

MADELEINE Vous me proposez un crime, une horreur, une folie!

GEORGES Il le faut, Madeleine, ou je dirai tout.

MADELEINE A votre fils! A votre femme! Georges!

GEORGES Ne t'inquiète pas de ma femme. Elle, je suis décidé à le lui dire, quoi qu'il advienne. Je le lui dois. Je l'ai négligée, délaissée . . . et je craindrais que les premières larmes de Michel ne l'attendrissent.

MADELEINE Elle parlera.

GEORGES Elle parlera si tu la mets en demeure* de parler à Michel, si tu t'accroches.

MADELEINE Voilà donc où vous avez entraîné Michel! J'avais raison de craindre. Il était naïf, confiant, crédule. Et, en admettant que je mente, que je me salisse, que je raconte cette histoire à dormir debout,* Michel ne me croira pas. Il me connaît!

GEORGES Ne lui as-tu pas inculqué ta haine du mensonge? Tu ne peux lui mentir. *Il te connaît.*

64

MADELEINE Et vous accompliriez ce crime? Vous vous laveriez les mains. Vous me l'arracheriez. Vous me laisseriez sans personne. Car n'espérez pas que je vous revoie.

GEORGES Me revoir? Non. Je suis guéri et je guérirai Michel.

MADELEINE De l'amour?

GEORGES L'amour ... l'amour ... c'est vite dit. Je le guérirai d'un projet de mariage que les circonstances rendent inadmissible.

VOIX DE MICHEL, *en haut de l'escalier.* Vous avez fini? On peut descendre?

GEORGES, *criant.* Pas encore. Nous causons comme de vieilles connaissances.

MICHEL, *de même.* Bravo! ... Madeleine, j'ai cassé une tasse. Délivrez-nous vite.

Il claque la porte invisible.

MADELEINE Georges, quand ceux qu'on aime sont absents, on ne se rend plus compte qu'ils existent. On les aime comme les morts d'une petite mort.* Ils ne vivent que dans notre cœur. Je parlais, avec vous, en rêve, dans un monde où rien ne pouvait m'ôter Michel. C'étaient des mots. Je viens d'entendre sa voix. Il existe. Il existe dans un monde terrible où on peut me l'ôter, me le voler. Je m'accroche, comme vous dites. Je le garde.

GEORGES J'ai réfléchi, Madeleine. Tu es libre. Je parlerai donc. Michel saura qui était l'autre. Je le perdrai, mais nous le perdrons ensemble.

MADELEINE C'est un chantage indigne!

GEORGES Il le faut.

MADELEINE Georges! ... Georges! ... Georges! ... Écoute-moi, crois-moi ...*

GEORGES Me crois-tu assez naïf ...

MADELEINE Oui, naïf, bon, noble. Tout ce que j'aimais et que j'aime en vous. Tout ce que j'adore en Michel. Je le lui ai dit que je vous aimais. Il s'est fâché presque. Ne soyez pas un monstre. Ne devenez pas un monstre.

GEORGES C'est toi qui souffres?

MADELEINE Est-ce que je n'ai pas été assez punie par votre coup de théâtre,* votre arrivée effrayante? Je pouvais rester morte sur place. Je pouvais crier et tout découvrir.

GEORGES J'étais tranquille. Je savais que tu n'adorerais pas Michel si tu te laissais aller, que si tu te contenais tu adorerais Michel.

MADELEINE Ah! tu vois bien. Tu l'avoues. Tu sais que je l'adore.

GEORGES Ce mariage est absurde. Michel doit rester dans son milieu, je lui souhaite une autre vie.

MADELEINE Laquelle? J'aimerais le savoir . . . Je suis fille et petite-fille d'ouvriers. J'ai de la poigne. Je changerai Michel. Il travaillera. Déjà, il change. Votre milieu ne lui donne que des exemples de désordre, d'oisiveté, de flânerie. L'amertume s'évanouira, et vous aurez fait son bonheur. Si vous faites son malheur, vous en aurez honte toute votre vie.

GEORGES Son malheur ne sera pas si long.

MADELEINE C'est ce qui vous trompe. Michel est un enfant. Les enfants se souviennent d'une peine, comme d'un drame. Et vous aussi, Georges, vous êtes un enfant. On vous casse votre jouet; vous vous butez. Ce n'était qu'un jouet. Que suis-je Georges? Peu de chose. Beaucoup pour Michel. Michel a besoin de moi. Vous, vous avez ce que vous me cachiez, vous êtes chef de famille. Comment pouvez-vous comparer notre aventure construite sur du faux, un faux nom, une fausse adresse, une fausse solitude, et celle d'un être jeune qui se livre corps et âme?

GEORGES Sa mère refuserait.

MADELEINE Vous êtes donc des ennemis?

GEORGES On a coutume de dire cela des pères et mères qui ne laissent pas leurs enfants grimper aux arbres.

MADELEINE Sa tante . . .

GEORGES Elle m'a aimé . . . jeune fille. Elle me garde un sentiment secret. Peut-être m'aime-t-elle en cachette. Elle te haïra si, par ta faute, on me ridiculise, on me tue à petit feu.

MADELEINE Elle me verra aimer Michel et verra que Michel m'aime, et si nous avons des enfants . . .

GEORGES Des enfants! Mettre des enfants au monde pour ces abominations . . . Ah! par exemple!

MADELEINE Georges, ne vous enlisez pas, ne vous abandonnez pas à la dérive. Soyez bon, soyez juste, soyez *vous*.

GEORGES Je ne m'enlise pas. Je ne m'abandonne pas à la dérive, ma petite. Il faut nous rendre Michel. Il faut inventer cette troisième personne. Il faut vous décider entre ce mensonge ou la vérité que je me charge de lui dire.

MADELEINE C'est ignoble, ignoble!

GEORGES Je ferai mon devoir.

MADELEINE Vous êtes un fou.

GEORGES Je suis un père.

MADELEINE Vous mentez! Vous agissez par égoïsme. Vous n'êtes pas un père. Vous êtes un homme délaissé qui se venge.

GEORGES Je te défends . . .

MADELEINE, *elle se jette sur lui.* Oui, menteur! menteur! égoïste! (*Il la bouscule.*) J'aime mieux cela, mais ne me parlez plus de votre fils. Vous croyez vous venger de moi; vous vous vengez de lui. Vous ne vous moquez pas mal qu'il soit heureux ou malheureux. Vous êtes jaloux.* Et il n'y a que votre intérêt qui compte.

GEORGES Il nous reste quelques minutes. J'exige. Tu t'accuses ou je parle.

MADELEINE Parlez.

GEORGES Soit. As-tu bien réfléchi à ce que provoquera notre aveu?

MADELEINE Non! Non! Ne parlez pas. J'étais folle. S'il ne sait pas et qu'il me quitte, je peux encore espérer. Il existe sans doute une chance, une justice . . . Mais s'il sait, il ne me reste plus rien.

GEORGES Tu vois . . .

MADELEINE Je n'aurai jamais la force.

GEORGES Je t'aiderai.

MADELEINE, *bas.* C'est abominable.

GEORGES Et crois-tu que ce n'était pas abominable, hier, d'écouter

Michel m'avouer qu'il t'aimait, que tu étais sa maîtresse, de m'entendre appeler 'le vieux'?

MADELEINE, *en larmes.* Il était si fier de vous, de votre jeunesse . . .

GEORGES C'était toi, ma jeunesse, ma dernière carte.

MADELEINE Soyez généreux, Georges. C'est son tour de vivre. Effacez-vous.

GEORGES, *glacial.* Je te le répète, je n'en fais pas une question personnelle. C'est la vie de mon fils que je prétends sauver et diriger.

MADELEINE Vous mentez! Vous mentez! Vous êtes une famille dans la lune, des gens froids, secs, inhumains . . . Et Michel est humain. Vous lui détruirez toutes ses illusions.

GEORGES Toutes, si tu n'obéis pas.

MADELEINE Laissez-moi du temps . . .

GEORGES Y penses-tu? Ils attendent la fin de ce conciliabule interminable. Il faut que tu décides.

Silence.

GEORGES Une fois, deux fois . . . je parle?

Il se dirige vers les marches.

MADELEINE, *crie.* Non!

Elle le ramène.

GEORGES Tu feras ce que j'ai décidé.

MADELEINE Oui.

GEORGES Tu le jures?

MADELEINE Oui.

GEORGES Jure-le sur Michel.

MADELEINE Oui.

GEORGES 'Je le jure.'

MADELEINE Sur Michel . . . Vous êtes un monstre.

GEORGES Je suis un père qui évite à son fils un piège où il est tombé lui-même.

MADELEINE Je ne suis pas de celles qui se tuent, qui se ratent et qui recommencent. Mais je mourrai lentement, de désespoir, de dégoût de vivre.

GEORGES Merci de ne pas me faire le chantage du suicide. Tu
vivras. Tu travailleras et . . . tu oublieras Michel.

MADELEINE Jamais.

GEORGES Hop. Je ne parle pas? je parle?

MADELEINE Tout pour qu'il ne sache rien.

GEORGES Je monte.

Il s'engage sur les marches.

MADELEINE Georges, je t'en supplie . . . Georges! Encore un petit
instant!

GEORGES Traîner servirait à quoi?

Il monte l'escalier.

SCÈNE X

MADELEINE, GEORGES, YVONNE, LÉO, MICHEL

Georges, ayant monté les marches, disparaît et dit: 'Venez.' *Il
redescend suivi de sa femme, de Léo et de Michel.*

MICHEL Est-ce un homme, une femme, une plante, un personnage historique?*

GEORGES Michel, je vais être obligé de te faire du mal.

MICHEL Du mal? (*Il se tourne vers Madeleine et voit l'état où elle se
trouve.*) Madeleine. Qu'est-ce que tu as?

GEORGES Mon enfant, j'ai eu, avec ton amie, une longue conver-
sation, pleine de surprises.

MICHEL Madeleine n'a pas pu te dire autre chose que ce que je
t'avais appris.

GEORGES Elle était faible. Elle a été courageuse. Je l'ai confessée.
Tu n'es pas seul.

MICHEL Madeleine est la première à regretter ce retard.* Demain,
les choses seront en ordre. N'est-ce pas, Madeleine?

GEORGES Pardonne-moi de te parler pour elle. Je le lui ai promis.
Cet homme, dont tu parles, elle est prête à te le sacrifier. Reste
l'autre.

MICHEL Quel autre?

GEORGES Vous n'étiez que deux, à ta connaissance. Vous êtes trois.

MICHEL De quel troisième parlez-vous?

GEORGES Sois un homme, Michel. Tu es jeune, très jeune. Tu
connais mal les femmes et les difficultés de la vie. Cette jeune
femme est amoureuse ...

MICHEL De moi.

GEORGES Elle est amoureuse de toi. Je ne le mets pas en doute.
Mais elle est esclave, si tu veux, d'un garçon du même âge
qu'elle; qui n'est pas de notre milieu, qui se cache, qui l'épou-
vante, qui tire les ficelles,* qui trouvait votre amour suspect, qui
ne l'admettait que si la petite t'épouse et se case.

MICHEL C'est un mensonge, une invention; je connais Madeleine.
Madeleine, parle! Dis-leur que ce n'est pas vrai, disculpe-toi.
(*Silence.*) Je connais la vie de Madeleine de A jusqu'à Z. Tu
mens!

YVONNE Michel!

MICHEL Madeleine! Madeleine! Sauve-moi! Sauve-nous! Dis-
leur qu'ils mentent! Chasse-les!

GEORGES Il est naturel que tu tombes de haut. Mon pauvre petit,
as-tu pensé que tu voyais très peu cette jeune femme, que ses
nuits étaient libres, que ...

MICHEL Mais qui? qui? Comment? Où?

GEORGES Elle espérait un miracle. Elle a tout essayé. Cet individu
la tient. C'est une vieille histoire. Elle lui obéissait comme une
somnambule, elle le suivrait n'importe où!

MICHEL Si c'est vrai, qu'elle crève! (*Il s'élance vers elle.*) J'exige ...

YVONNE Michel! Tu perds la tête. Tu frapperais une femme?

MICHEL Je la giflerais. Une gifle . . . voilà ce qu'elle mérite.
(*Il tombe à genoux.*) Madeleine, ma petite fleur, pardonne-moi. Je
sais bien qu'ils mentent, qu'ils veulent voir si je t'aime . . .
Parle! Parle! Je t'en supplie. J'oubliais notre dernière nuit,
notre journée . . . Toi! Toi! me tromper, m'épouser par calcul!

GEORGES Je ne t'ai pas dit que cette jeune femme voulait t'épouser par calcul. Je t'ai dit qu'elle espérait se délivrer, sortir d'une influence qui la domine. Je t'ai dit qu'elle t'aimait et qu'elle avait ce garçon dans la peau.

MICHEL Ah! Tout était clair, pur, joyeux. Et je marchais. Je marchais à fond. Je deviens fou. (*Devant Madeleine.*) Qui? Qui? Qui est-ce?

GEORGES Elle affirme que tu ne le connais pas. Que tu ne peux pas le connaître.

MICHEL, *il enlace sa mère.* Une vieille femme aux cheveux jaunes . . . Et moi qui t'ai presque insultée, blessée . . . Maman!

YVONNE Les parents savent, mon amour. Ils ont l'air ridicule, insupportable, trouble-fête . . . mais ils savent. Viens. Ta pauvre vieille te reste. Là, là, là . . .

MICHEL, *il se détache.* Encore une fois, Madeleine, réponds. C'est un mensonge, c'est un cauchemar, je vais me réveiller. Réveille-moi . . . Madeleine!

YVONNE Prends ton calme.

MICHEL Mon calme! J'attendais, là-haut. Je me morfondais. Je me disais: Papa découvre Madeleine. Il convaincra Sophie. Tante Léo est déjà convaincue. Je mourais d'impatience. J'étais sûr que la séance finirait dans les larmes et dans les embrassades. Et je trouve une dame qui se confesse, mon rêve qui s'écroule, une horreur sans nom . . .

MADELEINE, *sans voix.* Michel . . .

MICHEL Et elle ose ouvrir la bouche! Elle ose m'adresser la parole!

YVONNE Michel! Sois généreux. Mademoiselle pouvait continuer, jouer la comédie, entortiller ton père, s'introduire chez nous, t'exposer à des chantages, à un scandale public. Elle a été assez propre pour nous prévenir à temps. (*A Madeleine.*) Je vous exprime notre reconnaissance. Si un jour . . .

MADELEINE Assez! Assez! Je n'en peux plus! Je n'en peux plus!

Elle se sauve, monte les marches où elle bute, et disparaît. La porte claque.

MICHEL, *il court derrière elle.* Madeleine! Madeleine! Madeleine!

GEORGES Laisse-la.

MICHEL Emmenez-moi, sauvez-moi. Non, je reste! Je saurai!

GEORGES Pourquoi savoir?

MICHEL Tu as raison, papa. J'ai mon compte. Je ne veux rien savoir. Je veux décamper. M'enfermer dans ma chambre. Me réfugier chez nous.

YVONNE On ne te dérangera pas. On te bercera ...

MICHEL Je n'avais qu'à ne pas quitter la roulotte.

YVONNE Il te fallait une expérience ...

MICHEL Je m'en serais passé, merci. Comme tu es sage de ne pas sortir ... Les gens sont immondes!

YVONNE Pas tous, Michel.

MICHEL Tous. (*Il regarde autour de lui.*) Quel ordre! Hein, Léo? On ne risque pas d'embrouiller les visites, de laisser traîner une canne, une chemise, un chapeau, des cendres. Le confort moderne, quoi!

Madeleine apparaît, en haut des marches, livide. Elle tient à peine debout.

MADELEINE, *d'une voix suppliante.* Sortez ...

MICHEL Le numéro trois s'impatiente! Restez. C'est mon tour de prendre mes aises. Et cette femme a osé me dire qu'elle aimait le numéro deux. Elle l'aimait et elle m'aime et elle aime l'autre. Quel grand cœur! Il y a de la place pour tout le monde.

YVONNE Mon petit ...

Madeleine s'effondre sur une des marches. Léo s'élance.

MICHEL Reste, Léo. Laisse-la. C'est du mélodrame. Laissez-la s'évanouir.

YVONNE Ne sois pas dur. Elle pouvait se taire.

Georges se glisse dans le vestibule.

SCÈNE XI
YVONNE, LÉO, MICHEL

MICHEL Si papa ne l'avait pas mise au pied du mur, je marchais de pied ferme. Je m'enfonçais dans les égouts. Sophie, papa, c'est bon de sentir des cœurs qui vous aiment, qui ne peuvent pas faire des combines. En route! Je vide les lieux.* Tante, maman ... (*Il se dirige vers la porte.*) Où est papa?

LÉO Il ne supporte pas les scènes. Il a dû filer à l'anglaise.*

YVONNE Tant mieux.

MICHEL Ses marottes ne lui réservent pas des surprises aussi charmantes.

YVONNE Tu trembles.

MICHEL Pas le moins du monde.

YVONNE Si, tu trembles. Prends-moi le bras, mon chéri, nous descendrons comme des invalides.

Ils sortent.

YVONNE Léo! (*Elle rentre en scène et s'adresse à Léo, de la porte.*) On ne peut pas laisser cette enfant toute seule, dans un état pareil ...

LÉO Enlève-le. Ramène-le. Je reste une minute.

YVONNE Merci, Léo.

Elle sort. On entend la porte se refermer.

SCÈNE XII
MADELEINE, LÉO

MADELEINE Michel! Michel! Mon Michel!

LÉO Là ... là ... là ... je ne vous abandonne pas. Calmez-vous. Couchez-vous!

MADELEINE Oh! Madame! Madame! Oh! Madame! Oh! Oh! Madame ... Madame ...

LÉO Là ... là ... Détendez-vous ...

MADELEINE Madame! Madame! Vous ne pouvez pas savoir ...

LÉO Si. J'ai deviné.

MADELEINE. Quoi?

LÉO J'ai deviné que le numéro deux et le père de Michel n'étaient qu'une seule et même personne.

MADELEINE Comment avez-vous pu? ...

LÉO Pour ne pas s'en apercevoir, ma chère petite, il fallait être aveugle, des aveugles dans le genre de ma sœur et de Michel. La scène était atroce. La chose sautait aux yeux. Je le répète, il faut être Yvonne et Michel pour n'avoir rien vu.

MADELEINE J'en serais morte.

LÉO Et ce numéro trois? C'est un mythe? Je veux dire, il n'existe pas? ...

MADELEINE Non.

LÉO Il existe?

MADELEINE Non, Madame. Il n'existe pas. Et Michel n'a pas interrogé, pas douté. Il a accepté cette histoire grotesque, sans hésiter, sans se dire que c'était fou!

LÉO C'est une chance. S'il était capable de réfléchir, de découvrir la seconde chose, il risquait de comprendre la première. Georges vous a forcée, menacée de tout dire ...

MADELEINE Oui, Madame ...

LÉO Il l'aurait fait.

MADELEINE Je préférais n'importe quoi ... Perdre Michel.

LÉO C'est drôle ... J'ai cru que Georges s'effacerait devant son fils et vous supplierait de vous taire.★

MADELEINE Il m'a torturée, menacée; il voulait guérir Michel, disait-il. Il avait préparé ce mensonge.

LÉO Il y a des limites ...

Elle lui prend la main.

MADELEINE Merci, Madame. Je ne croyais pas, je n'espérais pas ...

LÉO Vous me plaisez beaucoup. Vous m'avez conquise. Je ne savais pas. Je n'avais pas plus confiance en Georges qu'en Michel pour le choix d'une femme. Ah! je serais entrée dans une maison en désordre, dans une nouvelle roulotte, votre partie était peut-être gagnée du côté d'Yvonne;★ elle était perdue pour moi. Je ne venais pas comme votre alliée, encore moins comme votre complice. J'ai le désir de l'être. C'est sans doute l'alliance de l'ordre contre le désordre. Toujours est-il que je passe dans votre camp.★

MADELEINE Hélas, Madame ... A quoi bon? C'est fini. Michel ne croira personne et Georges recommencera ses mensonges. C'est fini.

LÉO Rien n'est fini sur des bases fausses. Il n'y a de grave, de définitif, que du vrai grabuge, du vrai mensonge, du vrai mal.

MADELEINE Peut-être est-il exact que je ne suis pas faite pour votre milieu.

LÉO Quel milieu? Vous plaisantez. Écoutez-moi. (*La secouant.*) Madeleine!

MADELEINE Je suis morte.

LÉO Vous voulez que je vous ressuscite?

MADELEINE C'est insoluble.

LÉO M'écouterez-vous? Madeleine ... Demain, à cinq heures, vous viendrez à la roulotte.

MADELEINE A la roulotte?

LÉO Chez nous. Chez Georges.

MADELEINE Qui? Moi!

LÉO Vous.

MADELEINE Vous n'y pensez pas,★ Madame. On me chasserait.

LÉO Non.

MADELEINE Est-ce possible?

LÉO, *elle se met du rouge aux lèvres et parle avec la grimace des femmes qui se remaquillent.* Madeleine, il y a des moments où je me venge de l'amour, où il me révolte. Il y en a d'autres où l'amour me remue de fond en comble et gagne sa cause. Sait-on ce qui se passe en nous? Madeleine, ma petite, je suis un mélange de cette famille de saltimbanques et ... de je-ne-sais-quoi. C'est la nuit

75

du corps humain qui fonctionne. Ne cherchez pas à me comprendre. Je suis un peu pédante de nature.

MADELEINE Georges parlera.

LÉO Georges se taira. Je vous l'affirme.

MADELEINE Il m'a juré ...

LÉO Il se vengeait. Demain il sera un père noble qui protège son fils.

MADELEINE Il a été un monstre.

LÉO Il n'a pas été un monstre, ma petite. Georges est un enfant, un inconscient. Il peut faire un mal atroce sans se rendre compte ...

MADELEINE Madame ... Madame ... Comment vous exprimer ma reconnaissance!

LÉO Ah! ça, non. Ça non. Pas de reconnaissance, voulez-vous? Sait-on qui on aide? Sait-on de quels gestes on est capable lorsque le bateau coule? Où commence-t-on à servir les autres et à se servir soi-même? C'est de l'hébreu.* Pas de reconnaissance, ma petite. Dans les catastrophes, ceux qui sont incapables d'entr'aide peuvent sauver un groupe qui se noie.

MADELEINE Votre cœur est bon ...

LÉO Pas bon ... J'ai un cœur comme tout le monde et la haine du désordre. Le désordre fait ici par Georges me dégoûte. Il faut laver, repasser, ranger ce linge sale. Venez demain!

MADELEINE Mais ...

LÉO Il n'y a pas de mais. A cinq heures. C'est un ordre. Jurez-le-moi sur Michel.

MADELEINE Sur Michel ...

LÉO Je le ...

MADELEINE Jure.

LÉO Sur Michel.

MADELEINE Sur Michel.

LÉO Parfait. Et dormez. Soyez ravissante. Ne vous gonflez pas les yeux. (*Elle se lève, sort une carte de son sac et la pose sur la table.*) Ma carte.

MADELEINE Après ce cauchemar ...

LÉO C'est de l'histoire ancienne. Je t'adopte. (*Elle se dirige vers la porte.*) Ne me reconduisez pas ...

MADELEINE Madame ...

LÉO Et surtout, ne me remerciez pas. Parce que vous savez ... les remerciements ...

Rideau.

Acte III

La chambre d'Yvonne. Même décor qu'au premier acte. Il fait sombre.
On lèvera la lumière peu à peu comme il arrive lorsque l'œil s'habitue
dans le noir.

SCÈNE I
LÉO, GEORGES

LÉO, *à Georges, qui entre par le fond, à gauche.* C'est pareil?

GEORGES C'est pareil. J'aime mieux ne pas rester chez moi. Je n'en mène pas large et je risquerais de vous donner le même spectacle.

LÉO Impossible de rester dans ma chambre. La porte de communication entre ma chambre et celle de Mik a beau être condamnée, je ne l'entends pas moins gémir et frapper du poing par terre. Et, en plus, dans ma chambre, moi qui ne suis pas comme vous, moi qui suis équilibrée, je me sens au bout du monde, loin de je ne sais quoi qui se passe et qui se passe chez Yvonne. Si je déraille, c'est le bouquet.*

GEORGES On étouffe.

LÉO Yvonne est avec Michel?

GEORGES Impossible d'en sortir une phrase. Je ne le croyais pas capable d'une douleur aussi bestiale. Quand je pense au contrôle qu'il faut que j'observe, à cette espèce de rage au cœur qui n'arrête pas. Ho!

LÉO C'est la première fois qu'il aime et qu'il souffre.

GEORGES Ceux qui savent se dominer ont l'air moins à plaindre, naturellement.

78

LÉO Georges, personne au monde n'est capable de te comprendre et de te plaindre plus que moi. Mais je me refuse à comparer ta peine, si dure soit-elle, à celle de cet enfant qui ne possède aucune expérience du malheur et qui du jour au lendemain . . .

GEORGES Il a Yvonne . . .

LÉO Voyons, Georges!

GEORGES Oui, il a Yvonne. Il ne lui dit rien, mais il se serre contre elle. C'est instinctif. Et Yvonne triomphe. Elle l'a 'retrouvé'. Elle a retrouvé son fils! Elle n'a que ce mot dans la bouche. Et moi, moi qui ai vidé mon cœur, qui ai fait cet effort de lui raconter tout, de me ridiculiser, c'est à peine si elle s'est rendu compte de ce que cette histoire avait d'incroyable. Elle n'a pour ainsi dire pas marqué de surprise. Elle ne pensait qu'à Michel, qu'au danger que Michel puisse apprendre quelque chose, qu'à la prudence qu'il faudrait avoir. En ce qui me concerne, elle prenait un air vague et répétait: 'C'est ta punition, mon pauvre Georges . . . c'est ta punition.' Et je ne suis pas seul!★ Et voilà l'Yvonne que je retrouve, qui me retrouve, qui m'aide à tenir le coup!

LÉO Que cette histoire ne la bouleverse pas, il fallait s'y attendre. Qu'un père et qu'un fils rencontrent, chacun de son côté, une jeune personne et jouent à cache-cache sans le savoir, ce doit être une chose assez fréquente dans la lune. Quant à la 'punition', Yvonne n'a peut-être pas tort.

GEORGES Ah! par exemple! Punition! Punition de quoi?

LÉO Georges, je suis restée seule avec cette petite, après votre départ. Nous avons parlé, autant que son état le lui permettait, bien entendu.

GEORGES Et alors?

LÉO Georges, ce que tu as fait est atroce.

GEORGES Répète . . .

LÉO Je répète: Georges, ce que tu as fait est atroce.

GEORGES Comment, ce que j'ai fait? Léo! c'est toi, toi qui m'as dicté ma conduite, qui as inventé tout, construit la machine pièce par pièce . . .

LÉO Je te conseille de ne jamais répéter ce que tu viens de dire.*
De ne jamais te le répéter, de ne jamais te répéter, serais-tu sans
âme qui vive, quelque chose qui ressemble à ce que tu viens de
dire.

GEORGES C'est in-cro-yable!

LÉO Ton 'in-cro-yable', je l'ai entendu prononcer par cette petite.
Ce que j'entendais et ce que je voyais ici, je ne le voyais plus, je
ne l'entendais plus, déformé par votre clair de lune. Il allonge les
ombres, il enchante les objets et j'en ai été victime, je l'avoue.
Je n'attachais aucune réalité à votre histoire, qui se présentait
déjà, d'elle-même, d'une manière assez irréelle. Et je ne te
surprendrai pas en t'avouant que j'avais aussi peu de confiance en
ton goût qu'en celui de Michel pour le choix d'une femme. Votre
'jeune fille' devait être une roublarde qui vous menait par le bout
du nez. Je me suis trompée. Je m'en excuse.

GEORGES Madeleine t'a eue.

LÉO Non, mon brave Georges, non. Madeleine ne m'a pas eue.
Elle n'avait pas à m'avoir. Elle est une enfant, une malheureuse
enfant ...

GEORGES C'est superbe! cette jeune personne me trompe avec
Michel, elle trompe Michel avec ...

LÉO Tu ne vas pas croire au fantôme que tu as inventé?

GEORGES Que nous avons, que tu as inventé ...

LÉO Georges!*

GEORGES C'est bon ... c'est bon ... Que j'ai inventé. Mais, du
reste, ma brave Léo, peut-être ne l'avons-nous inventé ni l'un ni
l'autre. Une femme qui peut ...

LÉO Georges! Tu ne vas pas te mettre à croire cette infamie,
maintenant qu'elle t'arrange.

GEORGES Superbe! Superbe! Voilà qu'on canonise Madeleine.
Madeleine est une sainte.

LÉO Elle est jeune et elle aime Michel, et elle t'aime bien, mon
vieux Georges. Il faut en prendre ton parti. Et tout à coup il
m'est apparu que nous étions allés chez cette petite fille neuve

avec nos vieilles habitudes, notre égoïsme, nos manies, nos préjugés, nos amertumes, nos rancœurs, pour mettre à sac de la jeunesse, de la joie, de l'avenir, de l'ordre.

GEORGES C'est par l'ordre qu'elle t'a eue.

LÉO Georges! Finiras-tu par comprendre qu'il ne s'agit pas de m'avoir ou de ne pas m'avoir. Il s'agit de réparer le mal que j'ai fait ...

GEORGES Ah!*

LÉO L'énervement me pousse à dire n'importe quoi. J'ai voulu dire qu'il s'agit, coûte que coûte, de réparer le mal que vous avez fait, que nous avons fait, que la pauvre Yvonne a fait sans se rendre compte.

GEORGES Revenir sur la journée d'hier? N'y compte pas, ma bonne. Jamais.

LÉO Fais ce sacrifice. Il est indispensable de se sacrifier quelquefois. C'est l'hygiène de l'âme. Il le faut.

GEORGES Je constate que tu adoptes le style d'Yvonne.*

LÉO Ne plaisante pas. Je dois te convaincre et tu dois convaincre Yvonne. Il faut que tu paies; il faut qu'elle paie ...

GEORGES Et toi! toi! toi! C'est inouï! Tu te dresses comme un juge et tu veux faire payer tout le monde. Est-ce que tu te sacrifies dans cette sale histoire? Est-ce que tu te sacrifies le moins du monde?

LÉO C'est chose faite.

GEORGES C'est chose faite ... Comment?

LÉO Je veux dire: sais-tu si je n'ai pas eu mon sacrifice et si je n'ai pas acheté le droit de vous conseiller le vôtre?

GEORGES De quel sacrifice parles-tu? Je serais curieux de le connaître.

LÉO Je t'aimais, Georges. Sais-tu si je ne t'aime pas encore? J'ai cru que je me sacrifiais à ton bonheur. Je me suis trompée. Cette fois, je ne me trompe pas. Il est impossible de sacrifier cette petite et Michel à une espèce de confort abject ...*

GEORGES, *il veut prendre la main de Léo.* Léo ...

LÉO Ah! pas d'attendrissement surtout, les attendrissements, les remerciements . . . je m'en passe. Non. Il *faut*, Georges . . . il faut convaincre Yvonne.

GEORGES Et moi?

LÉO Je ne te fais pas l'injure de croire que tu n'es pas convaincu.

GEORGES Tu prétends introduire Madeleine ici?

LÉO C'est indispensable.

GEORGES Mais, ma pauvre Léonie, en admettant que je consente à m'imposer le supplice de ces amoureux, Yvonne, elle, refusera net, criera, menacera. Elle a 'retrouvé' . . . 'retrouvé' son Mik. Essaie de le lui reprendre.

LÉO Elle a retrouvé une loque. Elle s'en apercevra vite.

GEORGES Elle l'aimerait mieux à elle, mort, que vivant dans d'autres mains.

LÉO Si c'est vrai, tu agiras. Je te connais, tu t'élèveras instinctive-ment contre une attitude inhumaine, immonde, immonde. Ce n'est pas parce qu'on traîne des tares qu'il ne faut pas essayer de réagir.

GEORGES Et que dirions-nous à Michel?

LÉO C'est très simple. Que Madeleine a été sublime, et nous serons bien près d'être exacts, qu'elle a inventé ce numéro trois pour le rendre libre, pour le restituer à sa famille, à son milieu. Sic! Il ne l'en adorera que davantage. Elle le mérite.

GEORGES Je ne te savais pas ces trésors de cœur . . .

LÉO Mon cœur ne servait à rien. C'est le moment qu'il serve. J'aime Michel. C'est ton fils.*

GEORGES Et tu aimes Yvonne, Léo? . . . Léo, n'est-ce pas contre elle que tu te dépenses et que tu agis?

LÉO Ne fouille pas trop le cœur, Georges. Il est mauvais de fouiller trop le cœur. Il y a de tout dans le cœur. Ne fouille pas trop dans mon cœur, ni dans le tien.

Silence.

GEORGES Nous allons encore ressembler à des girouettes.

LÉO Se contredire, Georges. Quel luxe! C'est mon luxe. C'est mon désordre à moi. Laisse-le-moi. La famille, une épave de famille, une épave de bourgeoisie, une épave de morale inflexible, une épave de ligne droite! tout peut bien crouler sous ce tank aveugle, sous le passage de cette force idiote: chances, rêves, espoirs, rien ne trouve grâce. Profitons d'être une épave, mon cher Georges, contournons, contournons, et suivons notre chemin sans empêcher les autres de suivre le leur.

GEORGES, *baissant la tête*. Léo . . . Je crois que tu as raison.

LÉO, *avec gentillesse et comme à un enfant sage*. Georges, je t'aime.

SCÈNE II

YVONNE, LÉO, GEORGES

Sur le dernier mot, la porte s'ouvre et Yvonne entre, vêtue du peignoir éponge du premier acte, les cheveux décoiffés.

GEORGES Nous t'attendions ici; nous espérions que, seul avec toi, il aurait une détente. Léo l'entendait gémir à travers la porte.

YVONNE C'est infernal.

LÉO Il t'a parlé?

YVONNE Non. Il me serrait la main à me la broyer. J'ai retiré ma main. J'ai voulu lui caresser les cheveux et je lui ai demandé bêtement s'il avait soif. Il m'a dit: 'Va-t'en.' Je me suis levée. J'espérais qu'il me rappellerait, qu'il m'empêcherait de sortir. Je restais debout devant la porte. Il m'a répété: 'Va-t'en.' C'est infernal. Je n'en peux plus. *Je n'en peux plus.*

GEORGES J'irais bien . . .

YVONNE S'il me chasse, c'est qu'il ne supporterait personne. Je l'avais supplié de se mettre au lit. Il m'a répondu en donnant des coups de poing par terre. Il est à plat ventre dans le noir.

LÉO Il a fermé ses persiennes?

YVONNE Ses persiennes, ses rideaux. Il se roule. Il mord ses manches. C'est infernal. Il vaut mieux le laisser seul. Ce n'est pas de la dureté, pauvre Mik! . . . Il me broyait la main et me la collait contre sa joue ... mais il souffre de la peine affreuse qu'il me cause. Son 'va-t'en' était le 'va-t'en' de quelqu'un qui ne veut plus qu'on le plaigne, qu'on le touche, qu'on le regarde.

LÉO Il est à vif.

YVONNE Si cette femme n'était pas une grue, je l'appellerais, je la lui donnerais. Voilà où j'en arrive.

LÉO C'est facile à dire, maintenant ...

YVONNE Non, Léo ... Ce n'est pas facile à dire. Pour que je le dise, il faut que je sois à bout.

LÉO Tu la lui donnerais ...

YVONNE N'importe quoi, oui ... je pense que oui ... Je n'en peux plus.

LÉO Eh bien, Yvonne, c'est cette phrase que je voulais que tu prononces. Je ne voulais pas la dire la première, ni que Georges t'oblige à la dire. Parle, Georges.

YVONNE Encore des paroles ...

GEORGES Non, Yvonne. Je ne sais pas si tu comptes comme de simples paroles l'aveu que je t'ai fait, mais cette fois c'est beaucoup plus grave.

YVONNE Je ne vois pas ce qui peut être plus grave que le point où nous en sommes.

GEORGES C'est plus grave, si ce point où nous en sommes est le résultat d'un crime, et si je me trouve être le criminel.

YVONNE Toi?

GEORGES Yvonne, Madeleine est innocente. Le mystérieux individu n'existe pas.

YVONNE Je comprends mal.

GEORGES, *donnant la parole à Léo.* Léo ...

LÉO Je suis restée seule avec la petite, hier ...

YVONNE Et elle t'a roulée. Quelle innocente! Et Georges, de victime est devenu criminel.

GEORGES Laisse, Léo. Il est préférable que je m'accuse en bloc. Voilà, Yvonne: j'ai joué un triste personnage. J'ai forcé cette pauvre petite à mentir, à se salir. Je lui ai soufflé son rôle. L'individu est de moi. J'ai profité de ce que Michel est crédule et de ce que Madeleine mourait de peur. C'est effrayant.

YVONNE Tu as fait cela?

GEORGES Je l'ai fait. Je le jure.

YVONNE Georges! Tu pouvais tuer Michel!

GEORGES Il n'en vaut guère mieux. C'est pourquoi je parle de crime. Et je risquais de tuer Madeleine en arrivant à l'improviste. Et après l'avoir jetée dans l'état que vous avez pris pour du trac, j'ai profité du tête-à-tête que tu exigeais, et je l'ai achevée. C'est du beau travail. C'est même ma meilleure invention. La seule de mes inventions qui marche. Et j'en étais fier. Il a fallu Léo pour me mettre le nez dans mon ordure.

LÉO Georges!... Georges!... Je dois être franche. Sans moi...

GEORGES Sans toi, je continuais. Assez sur ce chapitre! Non, Léo, je prétends prendre aujourd'hui toutes mes responsabilités, les prendre seul. C'est à croire que cette roulotte, comme vous dites, exerce un charme... (A Yvonne qu'il embrasse.) ... le charme d'Yvonne, et nous rend sourds et aveugles. Nous en parlions, avec Léo, avant que tu n'entres. C'est pourquoi ta phrase 'si cette femme n'était pas une grue' nous a ôté un poids. Je craignais, je l'avoue, d'avoir à combattre.

YVONNE Georges, ne sois pas absurde. Tu es dans une crise de sublime, de confessions et de sacrifices. Léo est trop équilibrée pour ne pas le comprendre. Méfie-toi, mon bon ami. C'est toi qui rêves debout! Voyons, voyons, c'est à moi, la somnambule extra-lucide et la tireuse de cartes de cette roulotte d'y voir clair. Ce qui est fait est fait. Michel ni cette jeune femme ne sont morts. Ils traversent une crise, comme toi, comme nous tous. La sagesse consiste à crier ouf! parce que rien n'est arrivé de ce que l'on pouvait craindre, et à profiter de nos chances.

GEORGES Nos chances! Quelles chances? Est-ce que tu te rends compte des mots que tu emploies?

YVONNE J'emploie les mots qui me viennent, les mots naturels. Je suis une mère qui aime son fils et qui soigne ses blessures. Je ne suis pas sublime le moins du monde . . . Ah! non. J'estime que tu as peut-être eu tort, c'est possible, mais que, dans l'ensemble, nous avons eu la chance, oui, oui, la chance, d'en sortir sains et saufs.

GEORGES Il n'y a pas cinq minutes que tu disais d'une voix mourante: c'est infernal! Je n'en peux plus!

YVONNE C'est justement parce que c'est infernal, parce que je n'en peux plus, que je retrouve des forces pour crier: halte! quand vous voulez que ce qui était fini, classé,★ se remette en marche. Je répète, moi, l'idiote du village, qu'il faut profiter des chances d'une malheureuse histoire sur laquelle vous ne pouvez plus revenir!

LÉO Mais, Yvonne, de quelles chances parles-tu?

YVONNE Eh bien, par exemple, c'est une chance que le vieux ait été Georges.

GEORGES Merci beaucoup.

YVONNE Parce que si le vieux avait été un autre, un vrai autre, je connais Georges . . . Je te connais . . . Tu te serais laissé attendrir et tu aurais manqué de poigne.

GEORGES Poigne? Je me vengeais bassement et je me donnais l'excuse de te rendre service, de suivre tes ordres . . .

LÉO Ma chère Yvonne, il me semble que vous vous comprenez mal et que ton point de vue échappe à Georges.

GEORGES Je ne comprends pas mal, je ne comprends rien du tout.

LÉO Vous voyez? (*A Georges.*) Yvonne, si je ne me trompe, trouve que, malgré la casse, c'est une chance que Michel croie ce mariage impossible.

YVONNE Mais . . .

LÉO Une seconde – et Georges te prouve, lui, qu'il ne se présente plus le moindre obstacle.

YVONNE Obstacle à quoi?

GEORGES Aucun obstacle à l'amour de Michel et de Madeleine.

YVONNE Tu dis?

GEORGES Je dis que nous avons failli tuer ces enfants par égoïsme, et qu'il est urgent de les faire revivre, voilà ce que je dis.

YVONNE Et c'est toi! toi ...

GEORGES Yvonne, c'est le moment de se dire la vérité vraie. Je n'ai jamais eu grand-chose de Madeleine; si, pour être juste, une véritable tendresse, et je me montais le cou,* et je m'arrangeais, et je me refusais d'admettre sa franchise. Je l'obligeais à traîner le poids d'un pauvre mensonge qu'elle ne demandait qu'à ne plus me faire. Cette idylle lamentable ne prendrait forme, hélas, que si Michel apprenait ...

YVONNE Quelle horreur!

GEORGES Là-dessus nous sommes d'accord.

LÉO Et vous allez l'être sur le reste.

YVONNE Georges, tu penses, vous pensez, Léo et toi, sérieusement tranquillement, que cette personne pourrait porter notre nom, entrer dans notre milieu.

GEORGES Ton grand-père* collectionnait les points et virgules, le sien était relieur, je trouve, ma chère Yvonne ...

YVONNE Je ne plaisante pas et je te demande ...

GEORGES Ne me demande pas d'envisager sans rire des absurdités pareilles. Un nom! un milieu? As-tu regardé d'en haut une salle de théâtre? Tous ces gens ne se connaissent pas, et chacun possède un milieu et croit que c'est le seul qui compte. Il y avait peut-être des milieux, mais il n'y en a plus.

YVONNE Nos familles existent.

GEORGES A t'entendre on nous croirait sortis de la cuisse de Jupiter!* Je suis un inventeur de seconde main, un raté. Toi, une malade qui vit dans l'ombre. Léo reste une vieille fille pour nous venir en aide. Et c'est au nom de tout cela, de tout ce désastre, de tout ce vide, de tout ce déséquilibre, que tu refuserais à Michel la réussite, l'air, l'espace? Non! non! non! je m'y oppose.

LÉO Bravo, Georges.

YVONNE Naturellement! Georges est un dieu. Il est infaillible.

LÉO Je l'admire.

YVONNE Dis plutôt que tu l'aimes.

GEORGES Yvonne!

YVONNE Mariez-vous! mariez-les! Moi je disparaîtrai! Je vous laisserai la place libre! Rien de plus simple!

LÉO Tu deviens folle! ...

YVONNE Oui, Léo, je deviens folle. Il ne faut pas m'en vouloir.

LÉO Je ne t'en veux pas.

YVONNE Merci. Je te demande pardon.

LÉO Voilà les 'merci' et les 'pardon' qui recommencent. Rayons-les de notre liste. Écoute-moi, Yvonne: si j'avais vraiment *voulu* Georges, je ne t'aurais pas laissé le prendre. J'aurais trouvé quelque chose. C'est trop tard pour revenir là-dessus. Il ne nous reste qu'un moyen de retaper nos ruines, c'est d'empêcher celle de Mik. C'est d'écouter Georges. C'est d'éclairer Mik, c'est de lui rendre la vie.

YVONNE Est-ce la vie?

GEORGES Sans aucun doute. Du reste, tu ne pourrais plus supporter maintenant l'état où Michel se trouve. Tu le supportais tant que tu avais une excuse. Pourquoi tarder? Yvonne.

YVONNE De toute façon, cette petite est beaucoup trop jeune.

LÉO Hein?

GEORGES Elle a trois ans de plus que Michel. Hier tu la trouvais trop vieille ...

YVONNE Elle est trop jeune ... par rapport à moi.

GEORGES C'est énorme ...

YVONNE Vous me demandez l'impossible.

GEORGES On l'a demandé à cette petite, elle l'a fait.

LÉO Tu luttes contre toi, avec de vieilles armes.

YVONNE J'ai retrouvé Mik, je ne veux pas le reperdre.★

GEORGES Tu ne retrouveras Michel qu'en lui donnant Madeleine. Le Michel que tu crois avoir retrouvé habite les limbes. Non seulement tu risques de te faire haïr, mais, même si nous lui laissons croire que Madeleine le trompe, ce qui serait abominable, ce à quoi je me refuse, une part de lui douterait et vivrait auprès d'elle. Tu ne bénéficierais pas de ton crime.

LÉO En somme, si je comprends bien, ton idéal serait d'avoir un fils infirme pour qu'il ne quitte pas la maison.

YVONNE, *elle se brise et fond en larmes.* C'est trop . . . c'est trop pour moi.

GEORGES Rien n'est trop quand on aime. Tu aimes Michel. Songe à sa gratitude quand tu lui apprendras que Madeleine avait menti par héroïsme . . .

YVONNE Georges . . . Georges . . .

GEORGES, *comme à une enfant.* Il ne demande qu'à le croire . . . Au lieu de cette fête et de cette gratitude, tu nous vois avec un Michel amer.

LÉO, *même jeu.* Qui épousera, par amertume, une de ces jeunes filles niaises et laides qui attendent le malheur sur une chaise de bal.

GEORGES, *même jeu.* Yvonne, laisse-toi briser, ouvre-toi en deux, montre ton cœur.

YVONNE, *elle se dégage, se met à genoux sur le lit et a un sursaut de révolte.* Laissez-moi! Ne vous hissez pas sur un piédestal! Vous n'en êtes pas plus dignes que moi, après tout. Mensonges! Mensonges! Mensonges! Essayez donc de sortir de vos mensonges. (*A Georges.*) Hier, en arrivant chez cette femme, je me rappelle, tu as été jusqu'à faire semblant de te tromper d'étage, de ne pas savoir son étage. J'ai été roulée, j'ai été votre dupe. Vous vous êtes ligués contre moi. Tu as osé me conduire chez ta maîtresse.

GEORGES Tais-toi!

YVONNE Chez ta maîtresse . . .

GEORGES Tais-toi. Tu perds la tête. Veux-tu que cet enfant t'entende? . . .

YVONNE Je me défendrai!

GEORGES Tu te défends contre toi et à tort et à travers. Mets-toi en ordre . . .

YVONNE Et si j'y tiens, moi, à mon désordre. C'est le nôtre.

GEORGES Yvonne, il y a des minutes où l'on sent qu'on peut racheter tout, se sauver et sauver les autres. Yvonne, ma chérie, accepte, imite-moi.

YVONNE Convoquer encore cet enfant, retourner chez cette femme, s'humilier ...

GEORGES Mais lâche donc cet orgueil absurde! Il ne s'agit plus de 'convoquer' Michel et de lui parler du 'bureau de son père', il s'agit de courir jusqu'à sa chambre, de l'embrasser, de le miraculer.

LÉO Et quant à Madeleine, je m'en suis chargée. Je m'en suis chargée à mes périls et risques.

YVONNE, *droit sur Léo.* Léo! De quoi te mêles-tu? Qu'est-ce que tu as fait?

LÉO Mon devoir. J'ai parlé, j'ai écouté, consolé; j'ai même téléphoné.

YVONNE, *détachant toutes les syllabes.* Tu lui as téléphoné?

LÉO De venir.

Léo entre dans sa chambre.

SCÈNE III

GEORGES, YVONNE

YVONNE Voilà donc ce que vous complotiez!

GEORGES Ce que Léo complotait à mon insu et dont je la remercie.

YVONNE Vous voulez me forcer la main.

GEORGES Nous voulons te sauver, nous sauver, sauver Michel.

YVONNE Elle a ce qu'elle veut. Elle sera dans la place.

GEORGES Ne parle pas comme ça; c'est si mal.

YVONNE Vous êtes devenus des saints. Il me faudra du temps. J'irai moins vite.

GEORGES Est-ce que tu t'imagines que je ne fais pas un immense effort?

YVONNE Mon pauvre vieux.

GEORGES Ma pauvre vieille! Nous ne sommes des vieux ni l'un
ni l'autre, Yvonne ... et pourtant ...

YVONNE Et pourtant un jour on s'aperçoit que les enfants pous-
sent, que ce sont des ôte-toi-de-là-que-je-m'y-mette.

GEORGES C'est dans l'ordre.

YVONNE L'ordre n'est pas mon fort.

GEORGES Ni le mien. Tu es glacée ...

YVONNE Oh! moi ...

Léo sort de sa chambre

SCÈNE IV

YVONNE, LÉO, GEORGES

LÉO Préparons notre petite fête. Allumons l'arbre.* C'est la bonne
note, tenons-nous-y.

GEORGES Je n'ai aucune habitude des fêtes, des surprises.

YVONNE Quand tu en fais, tu les fais excellentes.

LÉO Pouce! Pas de disputes.

GEORGES Comment comptes-tu procéder?

LÉO C'est très simple. Yvonne, il est capital que la chose lui vienne
de toi, qu'il te la doive.

YVONNE Mais ...

LÉO Il n'y a pas de mais.

YVONNE Puisque j'agis à contre-cœur ...

LÉO Ne le montre pas.

YVONNE J'aurai l'air grotesque. Et puis je gèle. Regarde. Écoute.
J'ai les dents qui claquent.

GEORGES C'est nerveux.

YVONNE Je mourrais que tu dirais:* c'est nerveux. J'ai les genoux
qui flanchent.

LÉO Essaie. Prends mon épaule. Il *faut.*

GEORGES Il faut, Yvonne. Pense au cadeau que tu vas mettre dans ses souliers.★

YVONNE Si je les trouve!

Une porte claque.

LÉO Une porte qui claque. C'est Michel. Il te facilite la besogne. Un 'miracle', tu vois.

YVONNE Voilà où vous m'avez conduite.

GEORGES, *il écoute.* Qu'est-ce qu'il fait? Où allait-il?

LÉO S'il sortait . . .

YVONNE Il claquerait l'autre porte.

LÉO C'est juste.

YVONNE, *très bas. D'une voix d'extra-lucide.* Il n'a rien mangé depuis hier. Il a été au buffet. Il hésite. Il se dirige vers ma porte. Il écoute, il met la main sur le bouton de la porte.

On voit le bouton qui tourne.

LÉO Notre roulotte ne vole pas son monde.★

YVONNE Il ouvre. (*La porte s'ouvre lentement.*) J'ai peur, comme si ce n'était pas Mik . . . Comme si c'était je ne sais quoi d'extra-ordinaire . . . de terrible. Léo! Georges! . . . (*Elle s'accroche à eux.*) Qu'est-ce que j'ai? (*Elle appelle.*) Mik!

SCÈNE V

LES MÊMES, *plus* MICHEL

MICHEL, *il apparaît et laisse la porte entrouverte, il a une sale tête*★ *et les yeux rouges, presque fermés.* – Sophie . . . c'est moi . . .

YVONNE Eh bien, entre! Ferme *tes* portes.

MICHEL Pourquoi *tes* portes? Je ferme, je ferme. Je ne voulais qu'entrer et sortir. Je cherchais le sucre.

YVONNE Tu sais où il est.

MICHEL Oui. Tu es seule?

YVONNE Mon pauvre chéri, tu ne vois donc pas ta tante et ton père?

MICHEL Oh! pardon, Léo, pardon, papa. Je n'y vois plus à un mètre . . . Je vous dérange?

Il entre dans le cabinet de toilette et revient en mangeant du sucre.

GEORGES Tu nous déranges si peu que ta mère voulait aller te chercher.

MICHEL Du reste . . . je voulais . . . j'avais à te parler, maman, et puisque ce que j'ai à te dire, j'aurai à le dire après à papa et à Léo, je profite de ce que vous êtes tous ensemble. D'abord, Sophie, je m'excuse de t'avoir renvoyée de ma chambre, de t'avoir dit de t'en aller. Je me dégoûtais. Je ne tenais pas . . . enfin, tu comprends.

YVONNE J'ai très bien compris, mon pauvre Mik.

MICHEL Je ne suis pas à plaindre.

GEORGES Qu'est-ce que tu voulais nous apprendre?

MICHEL, *mangeant son sucre, gêné.* Voilà. Je ne compte pas vivre à plat ventre par terre. Alors, papa, cette place au Maroc, tu m'avais affirmé que si je me décidais . . .

YVONNE Tu me quitterais!

MICHEL C'est décidé.

YVONNE Mik!

MICHEL Oh! Sophie, je ne peux plus être d'un voisinage bien agréable et, même, je risque de vous infecter, de vous rendre tous malades.

YVONNE Tu es fou!

MICHEL Fou, je le deviendrai à Paris. Il est impossible que j'y reste. Il est impossible que je reste à la maison. Et, comme je ne quitterai pas la maison pour une autre . . . j'aimerais partir loin et très vite. Je travaillerai. Je suis un touche-à-tout, un bon à rien. Le suicide me dégoûte.★ Il est indispensable de changer d'air, de voir du neuf. L'Europe . . .

Il fait un geste d'adieu.

YVONNE Et moi, et nous!

MICHEL Oh! Sophie!

YVONNE Donne ta main. Écoute-moi. Lève la tête. Et si tu n'avais plus à partir?

GEORGES Si nous t'annoncions, par exemple, une bonne nouvelle?

MICHEL Il ne peut plus y avoir de bonnes nouvelles pour
moi.

LÉO Cela dépend. Si ce qui motive ta fuite ... ton départ,
disparaissait.

YVONNE Si tu n'avais plus, pour nous quitter, pour mépriser
l'Europe, les mêmes motifs?

MICHEL Laisse, Sophie. Je retourne dans ma chambre. Papa ...

GEORGES Non, Michel, ne retourne pas dans ta chambre et ne me
demande pas que je m'occupe de ce poste.

MICHEL Tu m'avais promis ...

GEORGES Mik, je t'annonce, moi, une nouvelle, une très grosse et
très bonne nouvelle. Madeleine ...

MICHEL Qu'on ne me parle plus d'elle! Qu'on ne me parle plus de
cette personne. Jamais! Jamais! Qu'on ne me touche plus à cet
endroit-là. Vous voyez bien que je suis à vif! Taisez-vous!

LÉO Michel, écoute ton père.

MICHEL, *sauvagement.* Je défends qu'on recommence! Je défends
qu'on me parle de cette personne ... Entendez-vous!

GEORGES, *il l'empêche de passer.* Il faut que je te parle d'elle.

MICHEL Je n'écouterai pas. J'en ai assez.

Il frappe du pied contre le lit.

GEORGES Ne donne pas de coups de pied dans le lit de ta mère, s'il
te plaît. Ta mère est malade. Et d'abord, parle plus bas.

MICHEL, *buté.* Que me voulez-vous?

GEORGES Ta tante est rentrée après nous tous, hier, de cette visite.

MICHEL Vous essayez de me convaincre de rester à Paris en
inventant des mensonges. Vous essayez de retarder ma décision.
Ne vous donnez pas tant de mal, ma décision est prise.

YVONNE, *dans un cri.* Tu ne partiras pas!

MICHEL, *montrant sa mère.* Vous voyez!

GEORGES Tu ne partiras pas, parce que ce serait un crime de
partir.

MICHEL Quel crime?

GEORGES Un crime, parce que si ta famille ne compte plus, il existe au moins une personne qui doit recevoir tes excuses, une personne à qui tu dois demander la permission de partir.

MICHEL, *riant d'un mauvais rire, à Georges.* Ah! que je suis bête. J'ai compris. Cette personne a eu du cran en ta présence et elle a cessé d'en avoir en face de Léo. Elle s'est retrouvée d'égale à égale. Elle a fait du charme.

LÉO Il n'est pas facile de me mentir.

MICHEL Je ne croirai plus rien.

GEORGES Et tu auras tort . . . Yvonne?

YVONNE Crois-le, Mik.

GEORGES Te voilà moins incrédule.

MICHEL Ne me torturez pas.

GEORGES Qui parle de te torturer? Non seulement cette jeune femme est innocente, mais elle est admirable.

MICHEL En quoi, grands dieux?

GEORGES Et c'est à moi, à moi de te demander pardon. Hier, notre attitude l'a épouvantée. Elle a cru que jamais elle n'en viendrait à bout. Elle m'a menti. Et je le sentais et je faisais la sourde oreille. Mik, elle a inventé cette histoire sur place, pour te rendre libre, pour nous délivrer d'elle.

MICHEL Si c'était vrai, ce mensonge-là, je serais une brute de n'avoir cherché aucune preuve, de m'être sauvé, buté.

GEORGES Tu n'as pas été une brute, mon petit. Tu as été comme les êtres simples et propres. Tu crois le mal aussi vite que tu crois le bien.

MICHEL Vous me trompez. On craignait que mon départ ne désespère Sophie.

LÉO Il ne s'agissait pas de Maroc, mon petit Mik, sois raisonnable. Quand tu as ouvert la porte, ta mère allait chez toi te prendre par le cou, te relever, t'amener. Elle s'en faisait une fête.

MICHEL Si c'était vrai, auriez-vous attendu? Sophie m'aurait-elle laissé . . .

LÉO Ta mère ne savait pas encore. Et il nous manquait une preuve. Et puis, voilà, je complotais; je te préparais une surprise.

MICHEL Maman, toi, toi, dis-le.

YVONNE Je te l'ai déjà dit.

MICHEL Mais alors, il faut courir, téléphoner, la rattraper n'importe où! Dieu sait de quoi elle est capable! Elle s'est peut-être sauvée! Papa. Léo. Vite! Vite! Où est-elle? Où est-elle? Où est-elle?

LÉO, *montrant sa porte.* Elle est là.

YVONNE Elle est là?

LÉO Je la tiens enfermée dans ma chambre depuis cinq heures.
Michel tombe, raide, évanoui.

SCÈNE VI

LES MÊMES, *plus* MADELEINE. *Elle sort de la chambre de Léo avec Léo.*

YVONNE Mik! Mik! Il se trouve mal.

GEORGES Michel, regarde: Madeleine est près de toi.
Madeleine aide à soutenir Michel.

LÉO Il était dans un état de nerfs effroyable; ce n'est rien, Madeleine, parlez-lui.

MADELEINE Michel! Michel! C'est moi. Comment te sens-tu?

MICHEL, *il se soulève.* J'ai tourné de l'œil. C'est ridicule. Madeleine, ma petite fille; je te demande pardon ...
Il la serre contre lui. Yvonne s'écarte.★

MADELEINE Il faut t'asseoir. Viens.

LÉO Le fauteuil! ...
Elle éloigne le fauteuil de la coiffeuse.

GEORGES Je l'aiderai.

MICHEL, *il se dégage.* Mais je n'ai pas besoin que tu m'aides. Je ne compte pas m'évanouir. J'ai envie de sauter, de galoper, de crier.

MADELEINE Sois calme. Embrasse-moi.

MICHEL, *il la pousse dans le fauteuil, s'agenouille près d'elle et lui embrasse les genoux.* Pardonne-moi, ma petite fille, ma petite Madeleine, pardonne-moi. Tu me pardonnes?

MADELEINE Te pardonner, mon pauvre Michel chéri, moi qui t'ai fait tant de mal!

MICHEL C'est moi, c'est moi qui suis un imbécile, une sale brute.

LÉO Si j'étais vous, mes enfants, je ne m'expliquerais pas, je recommencerais à zéro.

> *Pendant ce qui précède, Yvonne est restée seule, contre le mur, entre la porte du fond et l'angle de la pièce. Elle s'éloigne un peu vers la droite et, pendant ce qui va suivre, regagne lentement son lit où elle se couche.*

GEORGES, *debout près du fauteuil de Madeleine. Ils forment un groupe à l'extrême gauche.* Léo a raison.

MICHEL Léo est une merveille.

GEORGES Léo est une merveille. C'est vrai.

MADELEINE Je n'arrive pas encore à croire que ce qui se passe, se passe en réalité.

MICHEL Et moi qui voulais me sauver à toutes jambes, obtenir mon poste au Maroc.

MADELEINE Au Maroc?

> *C'est à ce moment qu'Yvonne se couche. Elle ne les a pas quittés des yeux.*

GEORGES Eh oui! Pendant que vous attendiez dans la chambre de Léo, Michel nous annonçait d'un air funèbre, en mangeant du sucre, qu'il trouvait l'Europe inhabitable et qu'il avait décidé de vivre au Maroc.

LÉO Es-tu encore décidé, Michel?

MICHEL Moque-toi de moi.

GEORGES Il ne voulait rien entendre.

MICHEL Papa . . .

LÉO Cette fois, c'est Georges qui recommence.

GEORGES Pouce!

MADELEINE Que vous êtes bons . . .

Sur cette réplique, Yvonne descend du lit et se glisse dans la salle de bains, sans être vue.

LÉO, *lui prenant les mains.* Elle se réchauffe.

MICHEL Tu avais froid?

MADELEINE J'avais froid comme tu as tourné de l'œil. La surprise était un peu forte. Maintenant, je parle, je m'habitue. Quand je suis entrée, je n'y voyais rien. Je ne reconnaissais pas ta tante.

GEORGES Vous n'y voyiez rien parce qu'on n'y voit rien. Ma femme déteste la grande lumière. Ne vous avisez pas d'allumer le lustre . . .

LÉO, *bas à Michel.* Ta mère . . .

MICHEL, *il regarde vers la chambre vide.* Où est-elle?

MADELEINE *se lève.* C'est peut-être ma faute . . .

GEORGES Quelle folie! Elle était avec nous il y a une minute . . .

LÉO, *à Michel.* Tu aurais dû aller l'embrasser . . .

MICHEL Je la croyais près de nous. (*Il appelle.*) Sophie!

GEORGES Yvonne!

YVONNE, *de la salle de bains.* Je ne suis pas perdue. Je suis là. Je fais ma piqûre.

MADELEINE, *haut.* Madame, voulez-vous que je vous aide?

YVONNE, *même jeu.* Merci, merci. J'ai l'habitude d'être seule.

LÉO Yvonne ne supporte pas d'être aidée. Elle est maniaque.

Ils parlent à voix basse.

MADELEINE A la longue, j'arriverai peut-être à la convaincre.

MICHEL Ce serait une victoire.

LÉO, *à Madeleine.* Yvonne est très susceptible. Michel était tout à vous, ce qui est normal. Soyez attentifs, mes enfants . . .

MADELEINE Justement, je craignais de l'avoir mise en fuite.

GEORGES Pas le moins du monde. Léo, ne présente pas Yvonne comme un loup-garou.

LÉO Je ne présente pas Yvonne comme un loup-garou, mais je préviens Michel. Dans l'intérêt de la petite. Il ne faudrait pas rendre Yvonne jalouse.

GEORGES Effraie-la, maintenant!

MICHEL Laisse, papa. Madeleine est très intelligente.

MADELEINE Je ne m'effraie pas, Michel, mais je crains . . .

GEORGES Prenez garde . . .

La porte de la salle de bains s'ouvre. Yvonne, debout dans l'ombre, s'appuie au chambranle. Elle parle d'une voix bizarre.

YVONNE Vous voyez, Mademoiselle, comment on m'aime. Je ne peux pas sortir une petite seconde sans qu'ils se sentent perdus. Je n'étais pas perdue. Je me soignais. (*Elle avance vers le lit et s'y laisse tomber.*) Mademoiselle, je suis une vieille dame. Sans l'insuline, je serais morte.

LÉO, *bas à Michel.* Cours l'embrasser.

MICHEL, *cherchant à entraîner Madeleine.* Viens.

MADELEINE, *elle le pousse.* Va.

GEORGES, *à Yvonne.* Tu n'es pas mal?

YVONNE, *avec effort.* N . . . on.

MICHEL, *il lâche Madeleine et s'approche du lit.* Sophie! Tu es contente?

YVONNE Très. (*Michel veut l'embrasser.*) Ne me bouscule pas! Mademoiselle, vous avez de la chance si Mik ne vous embrasse sur les oreilles et ne vous tire les cheveux.

LÉO, *frappant dans ses mains.* Michel, tu devrais montrer ta fameuse chambre à Madeleine.★

MADELEINE. Michel! . . . Tu refuses de me montrer ta chambre?

MICHEL Tu vas ranger!

MADELEINE Oh!

GEORGES Je vous accompagne. Je vous expliquerai ma carabine.

MICHEL On va lui faire les honneurs de la roulotte. En marche! (*Il ouvre la porte du fond à gauche et s'efface.*) . . . Sophie, on te laisse avec la représentante de l'ordre. Léo, empêche maman de dire du mal de nous.

YVONNE Mik! arrêtez . . . restez!

GEORGES, *il s'élance vers le lit.* Qu'est-ce que tu as? . . . Yvonne! (*Yvonne retombe en arrière.*) Yvonne! . . .

YVONNE J'ai peur.

MICHEL Peur de nous?

YVONNE Rien. J'ai peur. J'ai une peur atroce. Restez! Restez!
Georges! Mik! Mik! J'ai une peur atroce.

LÉO Ce n'est pas l'insuline. Elle a pris autre chose! (*Léo s'élance vers
le cabinet de toilette, y entre et ressort en criant:*) J'en étais sûre!*

GEORGES Qu'est-ce que tu as fait?

YVONNE La tête me tourne, Georges, j'ai fait une folie, une folie
affreuse. J'ai fait . . .

MICHEL Sophie! parle-nous.

YVONNE Je ne peux pas. Je voudrais. Sauvez-moi, Mik! Je vous ai
vus ensemble, là-bas, dans le coin. Je me suis dit que je vous
gênais, que je dérangeais les autres.

MICHEL Maman!

GEORGES Bon Dieu!

YVONNE J'ai perdu la tête. Je voulais mourir. Mais je ne veux plus
mourir. Je veux vivre! Je veux vivre avec vous! Vous voir . . .
heureux. Madeleine, je vous aimerai. Je vous le promets.
Courez! Faites quelque chose. Je veux vivre! J'ai peur! Au secours!

MADELEINE Ne restez pas ahuris.

GEORGES Michel, ne perdons pas la tête. Cours chez le médecin
du dessus. Ramène-le de force. Moi je téléphonerai au professeur,
à la clinique.

MADELEINE, *à Michel, hébété.* Mais va, va donc!

*Elle le secoue. Michel se sauve par le fond, à droite. On entend
claquer une porte et toute la fin d'acte sera accompagnée de portes
bruyantes.*

LÉO, *à Georges* Téléphone. Je reste.

GEORGES Il y a de quoi rendre fou!

Il sort par le fond à gauche.

SCÈNE VII

YVONNE, LÉO, MADELEINE

MADELEINE Son pouls est très faible . . . il est égal, mais très faible.

LÉO Je sentais quelque chose . . . je le sentais.

MADELEINE, *elle s'écarte du lit.* C'est ma faute. Ma place n'est pas ici. Je dois partir.

LÉO Partir?

MADELEINE Quitter Michel, Madame.

LÉO Ne soyez pas stupide. Restez. Je vous l'ordonne. Du reste, Michel va avoir besoin de vous, comme Georges aura besoin de moi.*

    Silence.

YVONNE Je t'entends, Léo.

LÉO Qu'est-ce que tu entends?

YVONNE Je t'ai entendue. Tu as oublié que je pouvais t'entendre.

LÉO Entendu quoi?

YVONNE Fais l'innocente. On veut se débarrasser de moi . . . on veut . . .

LÉO Yvonne!

YVONNE Je me suis empoisonnée et je vous empoisonnerai. Je vous empoisonnerai, Léo! Je vous ai vus . . . je vous ai vus là-bas, dans le coin, je vous ai vus tous. On voulait me mettre au rancart, on voulait, on voulait . . . on voulait . . . Mik! Mik!

LÉO, *criant.* Georges!

SCÈNE VIII

YVONNE, LÉO, MADELEINE, GEORGES *plus* MICHEL

GEORGES, *il rentre par le fond à gauche.* Le professeur est à la campagne. Ils envoient un interne . . .

LÉO Georges, Yvonne a le délire . . .

YVONNE Je n'ai pas le délire, Léo. On voulait m'évincer, me plaquer, me laisser en plan. J'ai compris. Je par-le-rai.

GEORGES, *il embrasse Yvonne sur les lèvres.* Du calme . . . du calme.

YVONNE Voilà combien d'années que tu ne m'embrasses plus sur la bouche? Tu m'embrasses pour me fermer la bouche . . .

GEORGES, *il essaie de la faire taire en la caressant.* Là . . . là . . . là . . .

YVONNE Je vous empoisonnerai. Je vous dénoncerai. Je dirai à Mik . . .

MICHEL, *il entre en coup de vent.* Personne. On ne répond pas.

YVONNE Michel! Écoute-moi . . . Écoute-moi . . . Écoute-moi, Michel! Je ne veux pas . . . je ne veux pas . . . je veux . . . je veux que tu saches . . .

LÉO, *pendant les cris d'Yvonne.* Michel, ta maman délire. Retéléphone à la clinique. Ma petite Madeleine, je vous en supplie, aidez-le. Jamais il ne se débrouillera seul. Vite, vite, ne traînez pas.

Elle les pousse dehors, par la porte du fond à gauche, pendant les répliques suivantes.

SCÈNE IX

YVONNE, LÉO, GEORGES

YVONNE Restez! Restez! Je vous l'ordonne! Mik! Mik! On te trompe! On t'écarte. C'est un prétexte. Les misérables! Je ne vous laisserai pas profiter de votre sale besogne!

LÉO, *au pied du lit, terrible.* Yvonne!

YVONNE C'est toi, toi qui as tout manigancé.* Tu voulais ma mort, tu voulais rester seule avec Georges.

GEORGES Quelle horreur . . .

YVONNE Oui, quelle horreur! Et je . . . je . . .

Elle retombe.

GEORGES Pourvu que l'interne arrive . . . Si Michel prenait une voiture.

LÉO Il se croiserait avec l'interne.

GEORGES Mais que faire? que faire?

LÉO Attendre . . .

YVONNE, *ouvrant les yeux.* Mik! tu es là? Où es-tu?

GEORGES, Il est là . . . il va venir.

YVONNE, *d'une voix douce.* Je ne serai pas méchante . . . Je ne voulais pas . . . je vous voyais tous, dans le coin . . . J'étais seule,
seule au monde. On m'avait oubliée. J'ai voulu vous rendre
service. Ma tête tourne, Georges, redresse-moi. Merci . . . Léo,
c'est toi? Et cette petite . . . je l'aimerai . . . Je veux vivre. Je
veux vivre avec vous. Je veux que Mik . . .

LÉO Tu verras ton Mik heureux . . . Reste tranquille. Le médecin
arrive . . . nous te gardons.

YVONNE, *un recul.* Quoi? C'est vous! C'est encore vous! Et toi, et
Georges! Qu'on les arrête. Qu'on m'interroge. Ah! Ah! Ils
crèvent de peur. Vous, ne me touchez pas! ne m'approchez pas.
Qu'ils viennent! Qu'ils viennent! Qu'ils entrent! . . . Michel!
Michel! Au secours! Michel! Michel! Michel! Michel! Michel!
Michel! Michel! Michel! (*Elle hurle.*) Michel! Michel! Michel!
Michel! Michel! Michel! Michel! Michel! Mik! Mik! Mik! Mik!
Mik! . . .

Elle s'immobilise.

GEORGES *et* LÉO, *pendant les cris d'Yvonne.* Yvonne, je t'en con-
jure. Couche-toi. Repose-toi. Tu vas te tuer. Tu vas te tuer de
fatigue. Écoute-moi . . . Écoute-nous . . . aide-nous . . .

*Léo a saisi un des oreillers tombés par terre pendant qu'Yvonne se
débat. Elle veut lui soulever la tête, se redresse lentement, laisse
tomber l'oreiller et regarde Georges.*

GEORGES C'est impossible . . .

Il se laisse glisser, la figure dans les draps et les châles.

SCÈNE X

YVONNE, LÉO, GEORGES, MADELEINE, MICHEL

MICHEL, *il entre avec Madeleine, par le fond.* Impossible d'obtenir quoi que ce soit. Je descends . . .

LÉO Inutile, Michel.

MICHEL Fiche-moi la paix!

LÉO, *après un grand silence.* Ta mère est morte.

MICHEL Quoi?

> *Il reste frappé de stupeur, avance vers le lit.*

GEORGES Mik, mon pauvre Mik . . .

MICHEL Sophie . . .

> *Léo s'est écartée, seule, jusqu'à l'extrême gauche.*★

LÉO Le voilà votre milieu. Vous donneriez n'importe quoi pour qu'Yvonne soit vivante . . . et pour la torturer après.★

MICHEL, *dressé vers Léo.* Léo!

GEORGES Michel! Tu oublies que tu es chez ta mère.

MICHEL, *frappant du pied.* Il n'y a pas de mère. Sophie est une camarade. (*Il s'élance vers le lit.*) Maman, dis-leur. Ne m'as-tu pas répété mille fois . . .

MADELEINE, *qui est restée clouée par ce spectacle.* Michel! Tu es fou . . .

MICHEL Dieu! J'avais oublié . . . J'oublierai toujours. (*Il s'effondre, contre le lit.*) Jamais je ne comprendrai. Jamais.

> *On sonne dans le vestibule. Léo traverse la scène et sort par le fond à droite. Madeleine met sa tête contre celle de Mik.*

MADELEINE Michel . . . Michel. Mon chéri . . .

LÉO, *elle rentre.* C'était la femme de ménage. Je lui ai dit qu'ici elle n'avait rien à faire, que tout était en ordre.

Rideau.

Notes

p. 4 **scandale de la mise en scène:** See Introduction p. xix.
Antoine: Producer who founded the Théâtre Libre in 1887. Producers and writers such as Jacques Copeau and Cocteau began by reacting against the naturalism of his décors.

L. Guitry ... de Max: Actors who dominated the French stage at the turn of the century: Guitry and Réjane in the Boulevard theatres; the others in grand tragedy.

p. 5 **décors qui jouent:** 'which play an active part' – the mirror in *Orphée*, the bed and carpet in *La Machine Infernale.*

en trompe-l'œil: 'dummy windows'. The term refers to a technique of painting that gives an illusion of reality.

p. 6 **Personnages:** Germaine Dermoz substituted for Yvonne de Bray for whom the play was written, and who plays Yvonne in the film version.

p. 8 **peignoir éponge:** Yvonne's slatternly clothes and the dirty linen lying about are to be a visible sign of the 'désordre' she represents.

p. 10 **Comment ne me téléphone-t-il pas?:** c.f. p. 45. The first of many references to the telephone. Only Léo actually uses it, succeeds in communicating.

p. 11 **La cousine Bette:** In Balzac's novel also, a family is destroyed by the advent of a mistress. The reference to grand-father prepares for p. 87.

désordre: see Introduction, p. xvii.

p. 12 **qui commettraient des crimes:** see Introduction, pp. xvi–xvii.

p. 13 **service:** i.e. military service.

libérait Michel: '*would have* freed Michel'. Colloquial uses of the imperfect and conditional tenses are common in this play. Cf. note to p. 91.

le style des familles: The Family – conventional, stifling and powerful – is a frequent theme in French literature. Cf. the novels of François Mauriac.

p. 17 **l'académie de nu:** i.e. nude figure-drawing in art-school.

p. 20 **bibliothèque rose:** A series of children's books, more especially for girls, with which one associates the Comtesse de Ségur (1799–1874): her moral and improving tales are still read, including *Les Malheurs de Sophie* (1864). The English equivalent might include *What Katy Did*, *Black Beauty*, and *Little Women*.

p. 22 **vous vous négligiez beaucoup:** c.f. Léo's prediction on p. 17, ('. . . tu as eu tort de n'être pas coquette. Il t'a observée, jugée.') which must now be having a telling effect on Yvonne.

p. 23 **ce serait du propre:** Ironic expression. 'That would be a fine thing.'

à la queue leu leu: 'Without rhyme or reason.' Lit. 'one after another.'

p. 24 **l'immeuble d'en face:** The major difficulty of the play is to make credible Michel's blindness to others (see next stage direction). Here the effort shows: Cocteau is forced to use a stage trick. The problem will arise again, with much greater importance, in Act II when Michel fails to see the horror and suffering on Madeleine's face.

p. 29 **Veux-tu!:** 'Pull yourself together!'

p. 31 **sa race:** i.e. la race des enfants. See Introduction p. xvi.

p. 33 **l'immeuble sur la tête:** 'The roof has fallen in on me.'

Labiche: Author of comedies of which *Le Chapeau de Paille* is the best remembered.

p. 34   **A qui me confier, sinon à toi?:** Georges' naïvety is comic, but it hurts Léo, reminding her of Georges' manner of jilting her. Cf. p. 30.

  le gros lot: 'the jack-pot'.

p. 36   **couper net:** the vagueness of Yvonne's clichés contrasts with Léo's purposeful remarks of the previous scene.

p. 38   **une visite de jour de l'An:** In France New Year's Day, even more than the English Christmas, is reserved for family celebration and visits.

  Le tromper pour son bien: Léo's deceit is 'impur' because deliberate. When Yvonne says almost the same thing in Scene 11 she deceives herself as much as Michel.

p. 39   **elle l'immobilise:** Léo is now almost an evil genius reminiscent of Oenone. See also note to p. 102.

p. 42   **à propos de bottes:** 'apropos of nothing'.

p. 43   **Je me ferai entretenir:** The unconscious irony of Michel's joke is the stronger because Georges and Léo have only recently thought of the same thing (see p. 35).

p. 44   **classiques:** used in its original meaning, 'the books that form you'.

p. 45   **je voulais épouser maman:** Michel's role as Oedipus peeping with unpleasant irony through a trite commonplace.

  avant d'avouer tout: Madeleine's room is a place of freedom and escape for both Michel and Georges. By such touches we are kept constantly aware of Georges in the background. Cf. Georges' confession to Léo pp. 33–34.

p. 46   **fausse des mécanismes:** Madeleine's intuition is unerring. See the remarks on Act II, Introduction p. xxii.

  je brûle?: 'Am I warm?' as in the game of hunt-the-thimble.

  sur son trente et un: 'dolled up to the nines'.

p. 51   **Il monte quatre à quatre:** 'He dashes upstairs'.

p. 53 **vous croirez muets:** Racine, *Britannicus* Act II sc. 3. For the parallel with II. 9 see Introduction p. xix.

p. 54 **'Lorenzaccio':** Drama by Alfred de Musset. Apart from its cruelty and violence, the significance of the passage quoted is that, like Léo, Lorenzaccio is rehearsing for a murder by making all this noise with his fencing master, so that when the time comes for the real killing the neighbours will pay no attention. For Cocteau's use of theatre within theatre see Introduction p. xxiii.

p. 57 **J'ai les nerfs en pelote:** 'I'm on edge'.

p. 58 **ce n'était pas la mer à boire:** 'it wasn't too terrible'.

p. 61 **nous rentrons dans le convenable:** 'we are beginning to return to the proprieties'.

p. 62 **de guerre lasse:** 'for the sake of peace'. An archaism in common use.

p. 63 **Le bonheur de Michel:** The turning point of the scene. The depth of Georges' resentment of Michel has already emerged. Now Madeleine's unconscious remark brings down on her head the full force of his violence.

p. 64 **si tu la mets en demeure:** 'if you put her into a position to'.

cette histoire à dormir debout: 'this unlikely story'.

p. 65 **petite mort:** 'those who have died a quiet death'.

crois-moi: Note how Madeleine, on occasion, unconsciously returns to the use of *tu*.

p. 66 **coup de théâtre:** dramatic or startlingly sudden event. Say 'the shock you gave me'.

p. 67 **Vous êtes jaloux:** Madeleine speaks more truth than she realizes. The jealousy dates from 20 years back.

p. 69 **un personnage historique:** 'Animal, mineral or vegetable?' The others have been called back into the room as in a party game. Michel's gaiety is excruciating.

ce retard: Michel thinks Georges refers to the other 'Georges' whom Madeleine had put off for a day.

p. 70 **tire les ficelles:** i.e. who manipulates her (as with a puppet).

p. 73 **Je vide les lieux:** 'I'm clearing out'.

filer à l'anglaise: 'to take French leave'.

p. 74 **vous taire:** How to interpret Léo's remark? At the start of this scene she is still deliberately deceitful (she *knew* Georges was the other man). This is the turning point, the moment when she decides to help Madeleine.

p. 75 **du côté d'Yvonne:** 'you might have won Yvonne over to your side'.

je passe dans votre camp: 'I'm joining your side'.

Vous n'y pensez pas: 'It is unthinkable'.

p. 76 **C'est de l'hébreu:** 'It's all Greek to me'.

p. 78 **C'est le bouquet:** 'It'll be the last straw'.

p. 79 **Et je ne suis pas seul!:** 'And then tell me I am not alone!'

p. 80 **ce que tu viens de dire:** Why does Léo say this? Is it self-deception, or can she not bear the thought that what happened to her 20 years ago might have happened again to Michel and Madeleine? Cf. p. 81.

Georges!: Warning him. See previous note.

p. 81 **Ah!:** Georges catches her out. See previous note.

tu adoptes le style d'Yvonne: Léo has used the empty cliché 'C'est l'hygiène de l'âme.'

confort abject: See note to p. 80.

p. 82 **C'est ton fils:** That Michel should be considered the son of Georges, rather than Yvonne, is unique in the play and has all the force of surprise.

p. 86 **classé:** 'over and done with'. Lit. 'filed'.

p. 87 **je me montais le cou:** 'I got worked up'. Var. of 'monter la tête'.

Ton grand-père: See note to page 11.

la cuisse de Jupiter: 'You'd think we were descended from God'.

p. 88 **je ne veux pas le reperdre:** Yvonne has at last been forced into seeing the truth. The last of her 'reasons' has been destroyed: she has no more illusions to lean on, nothing left to do but die.

p. 91 **Allumons l'arbre:** i.e. the Christmas tree.

je mourrais que tu dirais: colloquial turn of phrase: 'If I were to die, you would only say . . .'

p. 92 **dans ses souliers:** In France a shoe replaces our Christmas stocking.

Notre roulotte ne vole pas son monde: i.e. it deserves its name. Yvonne has had a moment of gipsy clairvoyance.

une sale tête: The English idiom is more appropriate: 'He looks like death.'

p. 93 **Le suicide me dégoûte:** In all Cocteau's work youth is associated with suicide. Cf. Madeleine pp. 48, 68. But what is the effect of this remark on Yvonne?

p. 96 **Yvonne s'écarte:** Henceforth Yvonne's isolation is both spiritual and physical. It is natural that Georges, Michel and even Madeleine should forget Yvonne's very existence. But Léo . . .?

p. 99 **à Madeleine:** Has Léo already suspected? Is she deliberately trying to get Michel out of the way?

p. 100 **J'en étais sûre:** Note that this is Léo's only action. She makes no attempt to save Yvonne as she had in Act I sc. I.

p. 101 **aura besoin de moi:** Note the tense of the verb. She is certain of Yvonne's death.

p. 102 **C'est toi, toi qui as tout manigancé:** See previous notes and cf. Phèdre's dying remark 'La détestable Oenone a conduit tout le reste'. See also Introduction pp. xix–xx.

p. 104 **l'extrême gauche:** Now it is Léo's turn, but her isolation is voluntary: she *is* Fate.

pour la torturer après: In the single NRF edition, Léo continues:

'Non, Michel, non, nous sommes des gens de la rue, des

gens de la boue, nous sommes faits pour vivre. Ta mère était faite pour être morte. Là où elle est, il n'existe pas de fils, de père, de maîtresse. Il n'y a que l'amour. A présent elle peut vivre. Elle peut habiter la maison. Elle peut aimer une ombre.'

List of Works by Jean Cocteau

A complete bibliography would be beyond the scope of this edition. The best is to be found in J-J. Kihm's 'Cocteau'. Dates are those of publication, not of composition. The section titles are Cocteau's own: he considered all his work to be poetry.

POESIE

1909	La Lampe d'Aladin
1910	Le Prince Frivole
1912	La Danse de Sophocle
1919	Le Cap de Bonne-Espérance
1920	Poésies
	Escales
1922	Vocabulaire
1923	Plain-Chant
1927	Opéra
1941	Allégories
1945	Léone
1946	La Crucifixion
1952	Le Chiffre Sept
1953	Appogiatures
1954	Clair-Obscur
1958	Paraprosodies
1959	Gondole des Morts

POESIE DE ROMAN

1919	Le Potomak
1923	Le Grand Écart (*The Miscreant*, Trans. D. Williams, Peter Owen)

1923	Thomas l'Imposteur (*The Impostor*, Trans. D. Williams, Peter Owen)
1929	Les Enfants Terribles
1933	Le Fantôme de Marseille
1940	La Fin du Potomak

POESIE DE THEATRE

1919	Parade
1920	Le Boeuf sur le Toit
1924	Les Mariés de la Tour Eiffel
1926	Roméo et Juliette
1927	Orphée
1928	Oedipe-Roi
	Antigone
1930	La Voix Humaine
1934	La Machine Infernale (Ed. Landers. Harrap, 1957)
1937	Les Chevaliers de la Table Ronde
1938	Les Parents Terribles
1940	Les Monstres Sacrés
1941	La Machine à Écrire
1943	Renaud et Armide
1946	L'Aigle à Deux Têtes
1949	Théâtre de Poche (Scenarios, playlets and monologues)
1952	Bacchus
1962	L'Impromptu du Palais Royal

POESIE CRITIQUE

1918	Le Coq et L'Arlequin
1920	Carte Blanche
1921	Visites à Maurice Barrès
1922	Le Secret Professionnel
1923	Picasso
1926	Le Rappel à l'Ordre

1926   Lettre à Jacques Maritain
1928   Le Mystère Laïc
1930   Opium (Trans. M. Crosland and S. Road, Peter Owen)
1932   Essai de Critique Indirecte
1935   Portraits – Souvenir (Partly translated as *My Contemporaries*. M. Crosland, Peter Owen)
1937   Mon Premier Voyage (*My journey round the World*. Trans. W. J. Strachan, Peter Owen)
1946   Souvenir de Jean Giraudoux
        La Belle et la Bête (*Journal d'un film*)
1947   Le Foyer des Artistes
        La Difficulté d'Être (*The Difficulty of Being*. Trans. E. Sprigge, Peter Owen)
        Lettre aux Américains
        Maalesh (Trans. M. Hoeck, Peter Owen)
1950   Modigliani
        Entretiens autour du Cinématographe
1952   Journal d'un Inconnu
1955   Discours de Réception à L'Académie Française
        Colette
1956   Le Discours d'Oxford
1957   La Corrida du Premier Mai
1965   Entretiens avec André Fraigneau

FILMS

1930   Le Sang d'un Poète
1943   L'Éternel Retour (directed Jean Delannoy)
1945   La Belle et la Bête
1947   L'Aigle à Deux Têtes
1948   Les Parents Terribles
1949   Orphée
1952   La Villa Santo-Sospir
1959   Le Testament d'Orphée

Select Vocabulary

This vocabulary is limited to less common French words and the meanings given are those in which they occur in the text. Words and phrases of which there is an explanation or translation in the notes are omitted unless they are used elsewhere in the text in a different sense.

Abbreviations:
fam. familiar; pop. popular; p.p. past participle; pej. pejorative.

(s')accrocher to cling on
ahuri bewildered, dumbfounded
aligner (des chiffres) to tot up (figures)
ameuter to set in an uproar
arpenter to walk up and down
(s')arranger to cope, manage

baliverne f. nonsense
besogne f. **(sale —)** dirty work
boiteux lame
border to tuck into bed
borne f. post
bossu hunch-backed
bouché p.p. blocked
bouder to sulk
bricoleur m. tinkerer, handyman
bronches f. pl. bronchitis (Lit. bronchia)
buté obstinate
buter to knock into, stumble, persist obstinately

cache-cache m. hide and seek
(se)caser (fam.) find a berth
casse f. trouble, ructions
casse-tête m. problem

cauchemar m. nightmare
chambranle m. door jamb
change m. **(donner le —)** to deceive
chantage m. blackmail
charme m. spell
chiffonnier m. chiffoner, chest of drawers
claquer to slam
colimaçon (escalier en —) spiral staircase
combine f. scheme, plot
comble m. **(ce serait le —)** that would be the limit
comble m. **(de fond en —)** from top to bottom
commande f. order, commission
comparse m. minor character
conciliabule m. confabulation
confesser to take confession
congé m. leave, dismissal
contre-coeur (à —) reluctantly
convenable fitting, proper
cran m. (fam.) a nerve
crâner (fam.) to put on an act
crever to die, burst
criblé riddled

se crisper to tense up
crochets (vivre aux — de quelqu'un) to hang on someone's skirts
cruche f. pitcher

débiter to tell (pej.), to spin (a yarn)
(se) débrouiller (fam.) to manage, get along
décommander to cancel
découcher to sleep away, elsewhere
délaisser to abandon
(se) démantibuler (fam.) to fall to pieces
dérailler (fam.) to go off the rails
dérive f. **(à la —)** adrift
devancer to put forward, anticipate
divaguer to ramble (in delirium)
dompteur, — euse lion-tamer, ringmaster
dorloter to cuddle, pamper
droit sur turning on

(s')écarter to vary, to depart
effondrement m. collapse
embrouiller to muddle
empêtré entangled, caught up
emprunté adj. awkward, self-conscious
encaisser to endure, take (a blow)
encenser to burn incense to, put on a pedestal
(s')enfoncer to go, sink, in deep
engagé committed
enjoler to cajole
enliser to get stuck, bogged down
entortiller (fam.) to wheedle
épave f. wreck, wreckage
épris in love
évincer to oust

feu m. **(tuer à petit —)** to kill by inches
flairer to sense, sniff
flancher (fam.) to give way
foie m. liver
fouiller to delve, search
four m. oven
fourrer to stuff, stick, poke
fourrure f. fur
frousse f. (pop.) funk
fugue f. escapade

gâcher to spoil
gâchis m. mess
gaffe f. (fam.) blunder
gaffer (fam.) to make blunders
gaffeur, — euse (fam.) blunderer
garçonnière f. batchelor flat
gêne f. embarrassment, torture
grabuge m. (fam.) ructions
grisou m. fire-damp (i.e. gas found in coal-mines)
grotesque ludicrous, absurd
grue f. (fam.) tart
guindé stilted, stiff

harceler to harass, torment, pester
hébété pp. dazed, bewildered
hisser to hoist

ignoble disgraceful, wretched
immonde foul, vile
improviste (à l'—) unexpectedly
inculte ignorant, uneducated
individu m. (pej.) person, nasty piece of work
inouï incredible
insu (à mon —) unknown to me

lanterner (fam.) to shilly-shally with, keep dangling
large (prendre le —) to decamp
legs m. legacy
léguer to leave, bequeath
limbes m. pl. limbo
liquidé settled, wound up
loque f. tattered rag, wreck
louche shady
loucher to squint
loup-garou m. were-wolf, bogey
lustre m. ceiling light, chandelier

maille f. mesh
maniaque m. eccentric, adj. crazy **(être —)** to be funny about something
manie f. tic, idiosyncracy
(se) maquiller to make up
marotte f. hobby
massue (coup de —) knock-out blow, bludgeon
mater to checkmate, bring someone to heel
mèches (— de travers) hair all anyhow
mener (n'en pas — large) to be in a tight corner
mic-mac m. (fam.) underhand scheming
miraculer to heal miraculously
(se)morfondre to stand waiting
moucharder to spy on
mufle m. (fam.) lout

néfaste baneful
nerfs (avoir les — à bout) to be on edge
noeud m. knot **(— de vaudeville)** vaudeville situation

oeil (tourner de l' —) (fam.) to pass out
ondulé waved (of hair)
oreille (faire la sourde —) to turn a deaf ear

parti (en prendre son —) to resign oneself
penderie f. hanging closet
penser (vous n'y — pas) you mustn't think such a thing
péripéties f. vicissitudes, climaxes
pivoine f. peony
plan (en—) in the lurch
plaquer (fam.) to give the chuck
poigne f. (fam.) grip, energy **(avoir de la —)** to be tough
poseur, —se pretentious
pouce (fam.) pax!
pourceau m. pig
prendre (— le large) decamp
prendre (sur soi) to take it upon oneself
prétendre to claim

rancart (au —) on the shelf
rapporter to make money, to be profitable
raté m. failure
se rattraper to make up for lost time
rayer to cross off
rayon m. shelf, domain, sphere of action
relier to bind
relieur m. book binder
reliure f. book binding
renouer to re-establish contact
(se)reprendre to correct oneself

ressentir to feel
retaper to shore up, patch up
réussite f. game of patience, success
revisser to screw together
rhume des foins f. hay fever
romanichel m. gipsy
se ronger to fret, worry
roublard (fam.) foxy, artful
rouler (fam.) to trick someone
roulotte f. gipsies' caravan

sainte-nitouche f. (fam.) little hypocrite **(C'est une —)** butter wouldn't melt in her mouth
saleté f. (fam.) nastiness, dirty trick
saltimbanque m. circus-performer
savates f. house shoes
'sécher' (fam.) to cut
séquestrer to shut in, imprison
série f. a run (of numbers)
souffler to prompt
sous-entendre let it be understood, imply
sténodactylo f. shorthand typing, -ist

surcharge f. overloading, over-stressing

taquinerie f. piece of teasing
tare f. (moral) defect
timbre m. **(sans —)** in a flat or constricted voice
tiré à quatre épingles spick and span
tireur m. marksman, rifleman
tireuse de cartes f. fortune-teller
touche-à-tout m. jack of all trades, dabbler
trac m. stagefright, panic
trancher dans le vif cut into the quick
tricher to cheat
trousses f. **(être aux — de quelqu'un)** to be after someone, to be on someone's heels
tue-tête (crier à —) to yell
tue-tête (à –) at the top of one's voice

vif (être à —) to be cut to the quick
voui (pop. distortion of **oui**) yes